JN408778

이팝나무
꽃그늘

이팝나무 꽃그늘

김춘득 수필집

해암

| 수필집을 내면서 |

주섬주섬 글을 쓰다 보니 벌써 세 번째 수필집이 나오게 되었다. 아니다. 등단한 지 20년이란 세월이 흘렀는데, 오히려 누군가 게으르다고 나무라면 민망해서 쥐구멍이라도 찾아야 할 판이다. 매번 책을 낼 때마다 가슴앓이를 심하게 했는데 이번에도 예외는 아니었다. 엉성한 수준의 책을 내는 게 맞는지 고민이 되어서 그랬다. 그래도 내 글을 살펴주고 아낌없는 조언으로 징검다리가 되어 준 분들의 덕택에 부족한 자질의 여울을 건넜다.

공교롭게도 이번 수필집을 발간할 즈음에 정년퇴직이 성큼 다가왔다. 직장에서 35년을 근무하고 곧 공로 연수에 들어가면 내년이면 정년퇴직이다. 대학을 졸업한 새내기가 이제 머리카락이 희끗희끗한 초로의 처지로 노을을 바라보게 되었다. 곱게 물든 가을빛은 봄꽃보다 더 아름답다고 하지만 맹자는 무항산無恒産이면 무항심無恒心이라고 했다. 자양분이 없는 가을은 퍽퍽한 은퇴자의 삶이다. 주위에 그런 고민을 하는 사람들이 많아 경제적 자유를 생각하며 글을 쓰고 보니 앞으로 내 생활 지침서를 작성한 것이나 다름이 없었다.

이 수필집은 내 삶의 지난 얘기를 혹은 앞으로 이렇게 살았으면 하는 마음을 시래기 다발처럼 묶어 처마에 달아놓듯 세상에 선보인다. 내 글이 언감생심 다른 사람들에게 이팝나무 꽃그늘 같은 존재는 고사하고, 라면 냄비 받침대로 써줘도 다행이라 여긴다. 수필집을 내면서 등대와 같은 지혜로 어린 시절 내 삶에 희망을 비춰주신 외할머님께 삼가 이 책을 바친다.

2024년 7월

능소화 돌담에 서서

동암 김춘득

| 차례 |

1부 | 이팝나무 꽃그늘

2부 | 나무늘보처럼 걷는다

3부 | 은행나무 아래에서

4부 | 노란 우산

5부 | 마지막 출근

1

이팝나무 꽃그늘

이팝나무 꽃그늘

따사로운 봄볕에 마음이 채워진다. 봄마다 내리쬐는 봄볕이 '별스러우랴.' 하며 대수롭지 않게 여겼다. 그런데 정류장 건널목에 선 앙상한 이팝나무를 보고서 허한 마음에 내리는 단비와 같은 햇살임을 알았다. 봄볕은 마치 어머니의 따뜻한 손길과 같아서 겨우내 얼었던 대지에 입김을 불어 넣고 살갗을 비벼서 움을 틔운다. 그런 봄기운을 받은 이팝나무는 길고도 묵직한 침묵에 잠겨있는 겨울 빗장을 풀어주는 생명의 전령이고, 여름이면 울창한 잎사귀로 정류장에 내리는 더위를 걷어주는 그늘이 된다.

정류장에는 낡은 간이의자가 무심하듯 자리하고 있다. 간이의자는 사람들이 차편을 기다리는 동안 쉬어가는 공간이자 사랑방이어서 그들의 사연을 알고 있었다. 사람들이 웃고 슬픈 얼굴에 비친 마음을 엿보기도 하고 서로 나누는 얘기를 귀동냥하여 속사정도 헤아릴 수 있었다. 또한 이팝나무가 싹을 틔우고 봄비를 재촉하며 얼른 자라라고 응원하였으리라. 왜냐하면 이팝나무가 꽃그늘을 드리우면 열매만큼이나 많은 사람이 오가며 허전한 간이의자에 더 머무를 수 있기 때문이었다.

이팝나무가 언제부터 그곳에 있었는지 아는 사람은 없었다. 누가 일부러 심은 것이 아니라 홀씨를 물고 가던 새가 떨어뜨리지 않았을까 추측하였다. 거친 콘크리트 바닥에 치열하게 뿌리를 내린 이팝나무의 생명력은 남달랐다. 풀포기 같은 여린 싹이 누구의 도움 없이 자랐다. 차들이 달리며 자신에게 몰아치는 바람을 견뎠고, 때론 목마른 가뭄에도 꿋꿋이 버텼다. 그 세월을 뒤로 하고 이제 어른 키를 훌쩍 넘긴 덕에 차편을 기다리는 사람들의 쉼터가 되고, 하얀 쌀밥 같은 꽃을 피우면 사람들의 마음이 넉넉해졌다.

정류장 노포 주인은 이팝나무꽃 필 무렵이면 궁핍한 시절이 생각난다고 하였다. 화장기 없는 주름진 얼굴에서 세월을 가늠하기 어려웠으나 눈대중으로는 손주 볼 나이가 넘은 것 같았다. 신세타령으로 늘어놓는 그의 인생살이는 시골길처럼 사연 또한 길고 굽이굽이 길었다. 그는 젊은 날 사고로 남편을 잃어 일곱 식구의 생계를 용달차에 의지한 채 시골 구석구석을 떠돌며 잡화물건을 팔았다고 했다. 요즘이야 땟거리 걱정 없는 세상이지만 살림살이가 곤궁한 시절에는 아이들이 배를 많이 곯았다고 했다. 그럴 때 쌀밥이 연상되는 이팝나무꽃을 보면 집에 두고 온 아이들의 끼니를 걱정했다고 했다.

봄비에 꽃이 피니 움츠렸던 몸과 마음이 들떴다. 해 질 녘이면 사람들은 정류장 점방으로 발걸음을 옮겼다. 점방은 술 한잔 걸칠 마땅한 가게가 없는 시골에서 선술집 같은 곳으로, 주민들이 하루 일을 마치고 집에 가는 길에 들리는 참새방앗간이었다. 스스로 주모라는 주인 여자는 세파를 겪은 연륜으로 남정네들이 던지는 짓궂은 농담도 능치며 큰누이처럼 편하게 대해주었다. 또 간혹 소심한 사람이 다른 사람을 아랑곳하지 않고 소리치며 객기를 부려도 그러려니 하였다. 그처럼 시장바닥처럼 활기찬 점방은 이팝나무꽃과 같은 여유 때문인지 사람들의 억누른 마음이 고삐 풀린 듯하였다.

이팝나무꽃이 지고 보름쯤 지났을 즈음 정류장 점방에 들렀다. 그날 저녁은 장마처럼 내린 비로 쌀쌀한 물안개가 술을 당기게 하였다. 오랜만에 찾은 점방 문에는 이달까지만 장사한다는 종이가 압류딱지처럼 붙어 있었다. 최근 여러 건설공사장이 생기면서 철새처럼 찾아든 노동자들의 떠들썩한 소리에 그늘진 주인 여자는 침울한 얼굴을 애써 흐릿한 불빛 속에 감추었다. 평소 그답지 않은 어색한 분위기이었던 것은 머지않아 신도시가 들어서기 때문이었다. 곧 사람들은 다른 곳으로 이주해야만 한다. 그는 방물장수처럼 떠돌다 이팝나무와 함께 정붙이고 살던 이곳을 떠나기 싫어했다.

사람들이 떠나면 정류장은 철거될 거란다. 이팝나무도 도로 확장으로 잘려 나갈 것 같다. 그러면 이번 여름철에는 이팝나무 그늘에 앉아 장기를 두던 노인네들을 더는 보지 못할 것이다. 이미 많은 사람이 받은 보상으로 정든 땅을 떠났다. 개중에는 가까운 곳에 새로운 보금자리를 잡으려 해도 가격대가 맞지 않아 먼 곳으로 떠난다는 소문도 들려온다.

중장비와 덤프트럭이 쉴 새 없이 흙먼지를 일으키며 개발 속도를 내자 동네 풍경도 하루하루가 달라지고 있다. 우두커니 변해가는 주변 환경을 서운한 눈으로 바라보던 주인 여자는 어느 날 자신이 왔던 그 구불구불한 길로 다시 떠나갔다.

그는 또 어느 정류장을 따라 이팝나무 꽃씨처럼 떠나갔을까. 봄볕이 지나간 시절에 대한 향수를 아지랑이처럼 떠올리게 한다. 이제는 시대의 유산이 되어버린 '1974.10. 2. 새마을운동'이란 문구가 새겨진 허름한 담벼락과 슬레이트 지붕에 의지하며 넉넉함을 안겨준 이팝나무의 삶이 간단해 보이지 않았다. 정류장은 4차선 도로에 신호등을 갖추며 가로수들이 줄지어 섰고, 그가 집시여인처럼 떠나간 점방 자리는 제법 규모가 있는 상가 건물이 지어지고 있다. 낡은 나무 탁자와 삐걱거리는 철제 의자에 앉아 맥주 한 잔의 호사를 누렸던 나 같은 사람의 마음엔 점방은 쓸쓸한 빈터로 남아 있다.

이팝나무는 바람결에 흩날려 어디론가 떠나갔겠지. 그 길은 사람들이 정류장을 오가며 걸었던 이팝나무 꽃길이었다. 그가 정류장을 떠날 때 이팝나무가 잎사귀에 이는 바람에 뭐라고 속삭였을까. 어깨를 나란히 한 지붕 사이로 솟은 굴뚝 연기가 이웃집 처마에 닿고, 아이들 웃음이 담벼락 덩굴을 타는 골목으로 보내달라고 하지 않았을까. 그러면 바람은 이팝나무에게 잇달아 대답했겠다. 머지않은 세월에 사람 향기 머금은 그곳으로 날아가서 사람들이 쉬어가는 그늘을 만들라고. 이제야 어렴풋이 알 것 같다. 봄볕에 마음이 채워진 것은 휑한 겨울 같은 허한 삶에 사람 냄새가 그리웠기 때문이라는 사실을.

종이비행기를 날리면서

봄바람이 틔운 꽃향기에 흠뻑 취하고 싶어 강변을 걸었다. 춘삼월의 대기는 칙칙한 묵은 이불을 걷어내듯 맑고 포근하여 벤치에 앉아 하늘을 올려다보았다. 얼마 만에 바라보는 하늘인가, 한 번쯤은 고개를 들어볼 법도 한데 게으른 마음이 바쁘다는 핑계를 대었다. 구름 한 점 없는 하늘이 파릇하게 물들이는 봄빛을 눈에 담고 있는데 낯선 종이비행기 하나가 시야에 들어왔다. 이윽고 바람을 타던 종이비행기는 얼마 가지 않아 내 앞으로 내려앉았다. 어디서 날아온 것인가, 갸우뚱거리며 사람들 사이로 두리번거리니 멀지 않은 곳에서 아빠와 어린 아들이 종이비행기를 날리고 있었다.

오래전 나도 아들과 함께 저들 부자처럼 놀았다. 아들이 유치원에 다닐 무렵 퇴근한 나에게 종이비행기를 만들어 달라고 똥 마려운 강아지처럼 졸졸 따라다니며 보채었다. 나는 아버지의 재주를 한껏 뽐낼 요량으로 채근하는 아들에게 되물었다. 저번 종이배를 만들 때 비행기 만드는 방법도 가르쳐주었잖냐고 하였더니 자기가 만든 종이비행기가 친구들 것보다 잘 날지 못했다며 풀 죽은 목소리를 냈다. 피곤했지만 아들의 기를 살리기 위해 오래 날아가는 종이비행기 만드는 방법을 가르쳐 주기로 했다.

저녁을 먹고 아들을 부르자 조바심이 난 녀석은 득달같이 달려왔다. 나는 아들에게 같이 종이비행기를 접어보자고 했다. 아들이 얼기설기 만든 종이비행기는 예상대로 균형이 맞지 않고 허술했다. 내가 만든 종이비행기를 건네주며 아빠 것과 다른 점을 살펴보라고 하였더니 요리조리 둘러보곤 도통 모르겠단 눈치였다. 어린 아들에게 추력, 항력, 중력, 양력의 베르누이 법칙 등 항공학을 들먹이는 것은 무리인 것 같아 간단한 원리로 설명했다. 종이비행기는 날개의 좌우대칭이 균형을 이루고 앞부분에 무게 중심을 주면 잘 난다고 말하고서 각자 만든 것을 날렸다. 아들의 비행기는 날자마자 바닥으로 곤두박질쳤으나 내 것은 멀리 날아가다 선회하며 안정적으로 착륙했다.

강변에서 종이비행기를 날린 사람은 비행기가 내게 올 것을 알았을까. 동력도 없는 종이비행기가 민들레 홀씨처럼 바람결에 실려 왔으니 당연히 몰랐을 것이다. 어쩌면 이 종이비행기는 어린 시절 내가 친구들과 들판을 뛰놀며 하늘을 향해 날렸던 것일 수도 있다는 착각이 이중나선처럼 휘감았다. 그 시절 우리가 만든 종이비행기는 연필에 힘을 주면 공책에 구멍이 송송 뚫리는 갱지로, 당시 아이들은 공책 바닥이 까맣도록 쓰고도 지우개로 지워 다시 사용하며 아꼈다. 문득 이 종이비행기가 나의 어린 시절로 갈 수 있다면 하는 생각이 들어 용기를 내어 날렸다. 종이비행기는 하늘에 둥근 원을 그리며 날아갔고 기억의 저편에서 한 아이가 나에게 걸어왔다.

아이가 나에게 물었다.

"아저씨가 이 종이비행기를 날려 보냈나요?"

"응. 그렇단다!"

"왜, 나에게 종이비행기를 날려 보냈어요?"

"딱히 이유는 없지만, 네가 보고 싶어 너에게 보낸 것이란다."

"내 생각을 한 적이 있었어요?"

"가끔은 생각했었지. 그렇지만, 세월이 가는 줄도 모르고 살아오느라 자주 생각하지 못했구나."

"이 종이비행기가 나에게 날아왔을 때, 아저씨를 생각했어요. 나는 아저씨가 나를 잊은 줄만 알았답니다. 앞으로는 내 생각을 많이 해주세요!"

"그래. 앞으로는 네 생각을 많이 할께! 너도 앞으로 힘든 일이 생기면 쓰디쓴 약으로 받아들이렴, 그러면 조금은 수월할 거야. 그리고 인생은 속도보다 방향이라 생각했으면 좋겠어!"

그 아이와 헤어진 뒤 내가 어린 시절로 왜 종이비행기를 날렸을까 생각했다. 아마도 장년에 이르러 내가 나의 가치관에 스스로 부끄럼 없이 살아왔는지 돌아본 것이리라. 그런 생각이 들자 먼 훗날 내 삶의 궤적이 궁금하여 숱한 세월을 타는 바람결에 종이비행기를 다시 날려 보냈다. 그 종이비행기는 힘차게 허공에 솟아 날아가더니 오늘처럼 내가 쉬던 벤치에 앉아 있는 어느 할아버지 앞에 떨어졌다. 할아버지 얼굴이 그 아이를 무척 빼닮았다. 나는 할아버지에게 걸어가 물었다.

"할아버지, 지금은 저를 생각하고 계시나요?"

"자네가 종이비행기를 날려 보냈던 그 시절부터 늘 자네를 생각하면서 살아왔다네!"

"사시면서 힘들지는 않으셨습니까?"

"힘들지 않은 인생이 어디 있겠는가! 잘 익은 간장과 된장이 되기 위해 곰팡이를 받아들이는 메주 흉내를 낸 덕분에 그럭저럭 살아온 것 같으이."

"고맙습니다. 할아버지의 얼굴에서 비바람을 이겨낸 삶의 여유가 보이고, 무엇보다 밝고 건강하셔서 제 마음이 편안합니다. 그리고 메주처럼 주변의 사람들과 어울리며 넉넉하게 잘 살아오신 것 같아 감사할 따름입니다!"

종이비행기 덕분에 어릴 적 나와 먼 훗날의 나를 만날 수 있었다. 내가 나를 만난다는 것은 눈에 아침 햇살을 담고 가슴 가득한 노을빛 비행이었다. 그처럼 종이비행기는 힘겹던 시절의 상처로부터 덧나지 않는 버팀목이었고 때론 희망이었다. 진주 같은 희망은 삶의 기쁨으로 비행일지에 깨알과 같이 적혀 있었다. 하늘에서 바라본 내 삶의 흔적은 하루의 사연을 노트에 적어 고이고이 간직한 일기처럼 보였다. 그것은 수십 년 묵은 고향 집 은행나무 잎에 이슬로 새긴 고해성사였고, 은빛 눈물로 그리움을 전하는 사랑의 편지였다.

고개 너머로 다가오는 세월을 마중하며 부자를 바라본다. 아빠와 아들이 날리는 종이비행기는 봄볕 가득한 연두색과 강물 같은 파란색 등 형형색색이어서 겨울 회색빛이 감도는 하늘에 별처럼 밝게 수놓는다. 그들의 모습에 흐뭇하게 젖어 드는 아침나절, 우리네 인생도 종이비행기와 같이 날아보면 좋겠다. 종이비행기가 좌우대칭을 맞춘 날개와 균형을 이룬 무게 중심 덕분에 바람을 타고 제법 멀리 날아가는 것처럼 인생도 순항하리라 생각된다. 그렇게 되면 작은 것에도 설렘이 일고 낯선 길목에서 뜻하지 않는 불운과 마주쳐도 봄볕에 데운 구름처럼 마음이 든든하지 않을까.

봄비에 젖은 쪽편지

달그림자를 밟으며 집엘 가는데 어디선가 역한 냄새가 바람에 풍겨온다. 그 냄새는 겨울에서 봄으로 가는 가로수 길에서 거름처럼 싸하게 코를 찌르는 사스레피나무 봄물이다. 봄은 생명으로, 봄물이 차야 생끗하게 웃으며 반갑게 다가온다. 추운 겨울이 끝나면, 따듯한 햇살은 대지에 새로운 생명을 불어넣는다. 나뭇가지마다 잎새가 돋아나 꽃망울을 터뜨리고 연분홍 벚꽃은 하늘로 눈처럼 흩날릴 것이다. 내가 봄소식을 알아채는 순간은 개나리와 산수유 꽃망울에 눈길이 가고, 산기슭 얼었던 땅이 녹아 계곡에 흐르는 물소리로 들릴 때이다. 이 모두는 생명의 진화와 순환이 빚은 예술이다.

아직은 겨울바람 속에 부는 봄바람이라 차갑다. 여전히 지긋지긋하고 성에 차지 않는 겨울은 삼한사온三寒四溫의 흔들림 끝에 봄바람이 피죽을 서서히 데우며 흐린 날에도 스며든다. 그런 날에 동트는 새벽은 점점 빨라지고 더 이상 추운 겨울의 어둠에 적응하지 않아도 되며, 밝은 아침을 여는 새소리는 맑고 커질 것이다.

그 계절의 변화처럼, 밝은 빛이 어둠을 밀어내듯 고난에서도 희망을 품고 활력을 되찾으려고 노력한다. 이 모두는, 계절의 변화가 가져가 주는 자연으로, 태어나고 죽음에 이르는 시간의 여정이다. 그래서 봄은 잰걸음으로 돌아오고 있다.

이즈음이면 고향의 봄은 바빠지기 시작한다. 봄은 농부들의 등을 떠밀어 다시 논밭으로 나가게 하는 계절이다. 들녘엔 숨죽이던 풀들이 다시 자라나고 작년에 농사짓던 흔적들이 남아있는, 공존의 시간이 있다. 그 공존의 시간에 농부들은 퇴비를 뿌리고 흙을 갈아 땅심을 돋운다. 그리고서 고추와 상추씨 모종하랴, 씨감자 싹틔우랴, 볍씨 탈망하랴, 새로운 생명을 틔우기 위해 몸과 마음이 덩달아 분주해진다. 생명은 다양한 형태로 표현된다. 모든 생명체는 봄의 계절에 거듭나며, 동시에 새로운 생명들이 탄생하기도 한다. 꽃들은 햇빛을 더 많이 받으며 웃자라고, 새끼 새들은 어미에게 생존을 위해 자연의 이치를 배우고, 더 많은 먹이를 찾아 멀리 날아간다.

인간의 삶에도 봄은 중요한 의미를 제공한다. 봄이 시작되는 순간에 우리는 자기 삶을 되돌아보고, 새로운 계획과 목표를 세운다. 그리고 계획과 목표를 이루기 위해 새것을 배우고, 주어진 기회를 시도하며 자신의 성장을 위해 애쓴다. 이는 몸과 마음이 봄바람의 싱그러운 운율을 느꼈기 때문일 것이다. 또한 봄처럼 사계절의 변화는 삶을 성찰할 수 있는 계기를 마련해준다. 우리는 삶의 매 순간을 살아가며 고난과 역경을 견디고, 성숙해진다. 그처럼 삶은 끊임없이 변화하고, 우리는 그 치열한 환경에 적응하며 살아가고 있다.

봄은 때때로 지난 시절을 떠오르며 뒤돌아보게 한다. 한가한 날에 땅 위로 올라오는 아지랑이를 바라보며 옛 생각에 잠겨본다. 어린 시절, 꽃잎이 마루에 날리면, 어머니는 무릎베개로 누운 내게 봄노래로 토닥이며 사랑을 차곡차곡 재우셨다. 숨죽인 나뭇가지에 푸른 싹이 돋아나는 봄이면, 시골마당 멍석에 누워 밤하늘을 바라보던 소년의 눈에 들어온 은하수를 통해 상상의 나래를 펼치며 꿈꾸었던 기억이 생생하다. 어른이 되어서는 삶을 더욱더 가치 있고 건강하게 가꾸려 노력하고 있다. 이는 봄의 생명력과 계절의 순환이 가르쳐 주는 경이로움을 아름답게 받아들이기 때문이다.

봄의 햇살은 특별하지 않아도 커피 향과 잘 어울린다. 따듯한 햇살과 부드러운 바람 그리고 원두커피 향이 어우러지는 아침은 시간이 머무는 은은한 순간이다. 나는 커피를 즐겨 들지 않으나 향은 무척 좋아한다. 창밖 아침 햇살이 멈추는 그 순간, 따뜻한 커피잔을 들고 앉아 있는 것만으로도, 삶은 참 행복하다고 느껴진다. 봄의 여유와 편안함 그리고 소박함이 온전히 내 것으로, 또 다른 삶을 만끽한다. 이러한 순간에 사유의 시간을 가지면 철학적 사고가 커져 다가오는 여름철 더위를 피하는 그늘이 된다. 그러나 삶의 향기가 봄의 햇살과 어우러지는 날에도 가끔은 뜻하지 않는 아픈 그리움을 겪기도 한다.

커피 향이 그윽한 카페에 갔을 때이다. 카페 한쪽 벽면에 대접처럼 생긴 큰 그릇에 수북이 담긴 쪽편지들이 눈길을 끌었다. 연인이나 친구끼리 혹은 홀로 커피를 마시고 은행잎 같은 노란 메모지에 적은 글이었다. 달콤한 사랑의 글부터 누군가를 그리워하는 글과 짧은 낙서까지 다양하게 적었지만 저마다 봄과 같은 마음이 담겨 있었다. 그중에 한 글귀가 봄바람에 지나간 흑백필름처럼 되감기를 한다. 그 글은, 창밖의 봄비를 바라보다 문득 마음을 두드리는 빗소리에 귀 기울이며 연필로 가슴을 눌러 쓴 글이었다.

"봄비가 내리네.
잘 지내고 있지?
보고 싶어, 오늘 같은 날에는 더욱더.
하지만, 네가 잘 지내고 있으면 난 그것만으로 행복할 것 같아.
내 그리움이 봄바람에 실려 너에게 닿으면 좋겠어.
자꾸 눈물이 나 어떡해.

너무 보고 싶어, 사랑해."

봄바람을 타는 오늘, 나도 그리운 사람에게 편지를 띄우고 싶다. 오늘 같은 날에는 그 사람도 진달래 핀 산길을 함께 걸었던 그 날을 기억하고 있으리라.

사람의 향기

‘화향백리花香百里 주향천리酒香千里 인향만리人香萬里’ 라는 고사성어가 있다. 꽃의 향기는 백리를 가고 술의 향기는 천리를 가며 사람의 향기는 만리를 간다는 뜻이다. 이와 비슷한 고사성어로는 ‘난향백리蘭香百里 묵향천리墨香千里 덕향만리德香萬里’ 가 있다. 만리의 만萬자를 직역하면 일만 만자이지만 의역하자면 끝이 없다거나, 많거나 멀다는 의미가 된다. 인향만리와 덕향만리는 그 뜻이 같으나 인향에는 사람이 주체이고, 덕향에는 목적을 나타내고 있는 것 같다. 그 말이 그 말 같아도 곱씹어 볼수록 맛이 다르게 느껴진다. 향기는 아름다운 꽃에서 피어나기 때문에 사람에게 있어 향기는 곧 덕이고, 꽃은 그 사람의 마음씨라 여겨진다.

실한 꽃나무가 향기롭듯 사람의 마음씨가 고와야 인향도 짙은 법이다. 상촌 신흠선생은 사람이 지닌 고운 성품을 사물에 빗대어 ‘오동나무는 천년 고목이 되어도 항상 곡조를 간직하고, 매화는 추워도 향기를 팔지 않으며, 달은 천번을 이지러져도 본바탕은 변함이 없고, 버드나무는 백번을 꺾여도 새 가지가 돋아난다.’

라고 하였다. 이러한 고운 마음씨를 특징짓기란 쉬우면서도 어렵다. 대개 착한 마음씨를 일컫는 말이지만 사람의 가치관에 따라서는 그 의미가 다양할 것 같다. 나의 가치관에 비추어 보면 향기나는 사람이란 남을 배려하는 사람, 슬기롭게 어려움을 극복하는 사람, 남의 부족함을 일깨우며 가르침을 주는 겸손한 사람, 그리고 인연을 소중히 하는 사람 등이다.

사람의 인성은 타고 나지만 그에 못지않게 후천적 영향도 많이 받는다. 가정이나 학교로부터 교육을 받거나 자아 성찰과 거듭난 삶을 위해 종교에 귀의, 그리고 사회생활을 통해 다양한 계층의 사람으로부터 자극을 받는다. 그 만남이란 사람마다 처한 상황에 따라 차이가 있지만 남녀노소가 별반 다르지 않다. 대부분 학생은 만남이 학교라는 제한적 공간에서 이루어지며 인성이 성숙해진다. 어른이라고 해서 모두가 성숙하였다고 말하기 어렵고, 개인의 성향에 따라 판단의 기준이 다를 수 있다. 그러나 직장이나 사회적 모임을 통해 서로 교류하고 부대끼다 보면 자연스럽게 사람의 성품이 나타난다.

성품이 맑은 사람은 꽃처럼 밝아서 대하기가 편하다. 그처럼 맑은 성품의 사람은 낙천적이고 긍정적이어서 상큼한 박하 향기가 난다. 사람들과 어울리며 교분을 나누다 보면 유난히 붙임성이 좋고 밝은 사람이 있다. 그런 사람은 긍정적인 영향을 주기에 초면이라도 가까워지는 계기가 된다. 반면에 삐딱한 사고로 남을 험담하며 자기 자신의 이익만을 추구하여 구린내가 나는 사람도 있다. 그런 사람은 다른 사람에게 악영향을 주어 오염시키므로 어울리는 것을 피하게 된다. 만일 그 시궁창에 연꽃 같은 사람이 곁에 있다면 시궁창도 연꽃 향기로 가득할 것이나 그런 사람을 일반사회에서 찾기가 쉽지 않다.

내가 나가는 모임에는 성격이 다른 A와 B라는 사람이 있다. 둘은 동갑에 같은 성씨에다 직장도 같다. 주변 사람들은 두 사람의 성향에 대해 말하기를 성취욕과 꼼꼼한 성격, 사람들과 어울리기 좋아하는 것까지 닮은 편이라고 얘기한다. 그러나 두 사람의 인성 차이가 존재감을 갈랐는데 A가 긍정적이고 낙천적인 데 반면 B는 부정적이어서 다른 사람을 비방하고 처신에 능수능란하다. 직장에서 초창기 승진은 B가 빨랐으나 시간이 지날수록 A에게 사람이 몰렸고, B의 주변에는 비슷한 성향의 사람만 남았다. A는 안정감 있게 희망의 메시지를 항상 전달한 데 비해 B는 현실에 대한 비판 중심이어서 불안정하고 미래에 대한 절망만 보였다.

향기가 진하게 영근 과일을 보면 우리네 삶도 비슷하지 않을까 생각한다. 그처럼 인생을 야물게 살아온 사람은 가을철 진한 향이 나는 잘 익은 과일과 같은 사람이다. 그런 사람은 다른 사람에게 긍정적인 에너지를 주기 때문에 주변에 사람이 모여드는 것은 자연스러운 현상이다. 매사 비뚤어진 눈으로 세상을 보는 사람은 다른 사람의 정신세계를 오염시켜 염세적인 정서를 안겨준다. 그런 마음에 설사 향수를 뿌려도 금방 날아가 버리고 촛불을 켜도 어둠을 밝히지 못한다.

인향이 두터운 사람에게는 꽃에 나비가 날아들 듯 항상 사람들이 모인다. 마치 어둠 속에서 자신을 태워 빛을 밝히는 촛불과 같은 사람이라서 인향만리人香萬里라는 경구가 생겨났으리라. 사람의 덕이란 본분을 지킬 때 만들어지는 인품이다. 본분이 얼마나 중요하냐면 사람들이 만 가지 덕을 쌓았다가도 단 한 번 본분을 저버렸을 때 그간 쌓아 놓은 덕이 하루아침에 날아가 버리는 경우가 비일비재하다.

옛 선비들이 난을 좋아하고 매화를 좋아했던 이유는 언제나 변하지 않는 덕을 꽃에 비유해서라고 본다. 천박하지 않고 절개와 고고함을 간직한 꽃의 대명사로서 그만한 꽃이 없을 것이다. 퇴계선생은 평생 매화를 좋아하셔서 돌아가시기 전에 마지막으로 하신 말씀이 '매화에 물 주어라.' 라는 말씀이었다. 그처럼 나의 향기를 키워 주변의 사람들에게 좋은 영향을 주는 사람이 되고 싶다.

식물이 주는 초록의 삶

아파트에 다양한 식물을 기르고 있다. 예전에 나는 식물에 관심이 없어서 방안에 습도를 높이는 행운목을 담아두는 것조차 성가셔했다. 집안에 식물이 들어온 것은 아버지가 돌아가신 후 어머니와 함께 부산에서 살면서였다. 시골에서 자연을 만끽하고 사시던 어머니가 도시 아파트로 옮겨오니 답답하신지 식물을 세간살이 들여놓듯이 하나, 둘씩 갖다 놓으셨다. 어머니가 좋아하던 식물인 관세음보살이 연상되는 관음죽부터 돈나무라 불리는 금전수, 실내 공기정화용 몬스테라와 산세베리아, 꽃이 예쁜 제라늄 그리고 이름 모를 꽃나무들이 거실과 베란다를 장식했다.

어머니는 당신께서 기르는 식물을 자식처럼 아끼셨다. 제때 물을 주지 못하거나 햇볕이 강해 잎이 시들면 속상해서 나의 무관심을 나무라셨다. 그리고는 '동물이야 배고프고 아프면 소리라도 내지만 식물은 사람이 눈길을 주지 않으면 금방 탈이 난다.' 라고 하셨다. 어머니는 동물은 아랫사람 대하듯 해도 되지만 식물은 어른을 대하듯 돌봐야 한다고 나름의 이치를 설명하셨는데 틀린 말씀은 아니었다. 동물은 입과 팔다리를 이용해 의사전달을 할 수 있지만 식물은 불가능해서 사람 손가는 만큼 성장하고 관리된다. 식물의 상태를 잘 살펴서 햇빛과 물을 적절히 주며 지켜봐야 한다.

내가 식물에 관심을 가지게 된 계기는 난蘭에 빠졌을 때부터이다. 글 쓰는 인연으로 만난 스님의 절에 다니면서 승방에 놓인 난을 보았다. 창가에 내리는 햇살을 발로 가리며 가부좌를 틀듯 암팡진 모습이 수행 스님과 다를 게 없었다. 그 고고함에 반해 난을 기르고 싶어 농과대학 교수이자 난의 대가를 아버지로 둔 선배에게 부탁하였다. 부탁할 때, 난을 키워보지 않아 볼품이 없어도 생명력이 강한 난을 구해달라고 하였다. 그런데 선배는 자기 아버지가 귀하게 여기는 난을 훔치다시피 빼돌려 나에게 주었다. 지금까지 난을 키우며 수없이 많은 꽃을 보았지만, 그 난처럼 기품이 있는 꽃을 아직 보지 못했다.

바람에 흔들리는 달빛 같은 난꽃을 바라보면 마음이 절로 갔다. 여백의 하늘에 여민 옷고름을 늘어뜨린 것처럼 빼어난 잎사귀, 그 사이로 수줍게 피어난 꽃의 우아한 자태를 바라보았다. 하루건너 책장에 책이 차고 넘쳐 책상으로 밀고 들어와도 난은 터줏대감처럼 떡하니 자리를 차지했었다. 그리고 나중에 몇 달이 지나고 세월이 두툼하게 느껴질 무렵 난은 새로운 촉을 봄물에 틔웠다. 어쩌면 다른 식물을 기르고 싶은 마음의 싹도 함께 틔워졌을 것이다. 난은 묵향이 잔잔히 스며있는 서재에 걸맞은 식물로 앙상블을 이루었다. 난은 가까우면서도 먼 듯 한걸음 떨어져서 봐야 하는 까다로운 식물이다.

식물에 집중하다 보면 잡념이 사라져서 좋다. 흙을 매만지며 물을 주고, 꼼꼼한 손길로 정성껏 줄기를 닦노라면 내가 나를 돌보는 느낌이 든다. 그 순간에는 다른 생각이 들지 않으며 명상에 빠진 듯 물아일체物我一體가 된다. 그 영향으로 급한 성격에 작은 쉼표를 찍을 수 있는 여유를 가지게 된 모양이다. 간혹 식물을 기르면서 우리네 삶과 닮았다는 느낌을 받는다. 느리지만 꾸준히 변화하는, 같은 공간을 공유해도 저마다 자라는 속도와 생김새가 다르고, 함께 햇살을 맞으며 생명이 살아 숨 쉰다. 식물의 삶은 계절마다 단조롭지 않은 아름다운 색채를 지니고 있어 우리를 늘 행복하게 해준다. 때로는 어떤 장르에서 그 의미를 함축적으로 전달하는 역할을 하기도 한다.

프랑스 영화 '레옹' 을 보면 식물이 등장한다. 그 영화에서 식물은 중요한 복선의 의미를 바닥에 깔고 있다. 살인청부업자 레옹은 사회에 적응하지 못한 고립된 존재이지만 식물을 등장시켜 생명을 끔찍이 아끼는 순수한 사람이라는 메시지로 캐릭터의 매력을 보여준다. 개나 고양이와 같은 동물이 아닌 사람의 손길이 닿아야 하는 식물을 선택한 작가의 의도가 느껴진다. 집안에서 구박받고, 가족을 잃는 순간에도 아무것도 할 수 없었던 나약한 소녀 마틸다는 레옹이 보호해야 하는 또 다른 식물이었다. 이로써 레옹은 소녀 마틸다를 왜, 얼마나 아끼는가를 식물을 통해 말하고자 하는 것이었다.

레옹이 식물을 애지중지하는 만큼 기르는 모습을 상상할 수 있다. 레옹의 하루는 창문을 열어 자신의 화분을 밖에 내놓는 것으로부터 일과를 시작한다. 식물은 햇빛을 통해 영양분을 생성하고 생명을 이어가며 꽃을 피우고 열매를 맺는다. 또 레옹은 집에 있을 때 식물의 잎을 정성스럽게 닦아주며 시간을 보낸다. 식물은 공기를 정화하고 습도를 조절하므로 틈날 때마다 잎을 닦아 주면 건강에 좋다. 분갈이는 마틸다가 레옹이 죽고 난 뒤에 해주었다. 화분의 뿌리가 가득 차면 성장이 더딜뿐더러 수분과 영양의 흡수가 방해되기 때문에 분갈이를 해주어야 한다. 마지막으로 이름을 지어 불러주면 좋다. 식물학자들에 따르면 식물도 생명이 있어 이름을 지어 불러주면 반응한다고 한다.

냉혹한 레옹도 식물 앞에서는 어머니 무릎을 벤 아이처럼 순하다. 매일 햇볕을 쬐어주고, 정성스레 잎을 닦아주는, 참으로 섬세하고 자상한 사람이다. 식물은 성장이 느린 편이지만 시간이 흐르면서 드문드문 삶의 지혜를 깨닫게 한다. 나에게 조급하게 굴지 말고 느긋하게 살라고, 지금은 뒤처져도 나중에 웅크린 만큼 멀리 뛸 수 있다고, 세월이 가면 변화된 자신을 볼 수 있을 것이니 '시작은 미약하나 그 끝은 창대하리라.' 라고 말하는 듯하다. 그 응원에 힘입어 내 삶도 식물처럼 닮아가고 싶다. 이제는 길가에 피어난 들꽃도, 담벼락을 타는 덩굴조차 예사롭지 않게 다가와 내 삶에도 자연의 청량함이 채워진다.

좋은 글을 만나면

책을 읽다 좋은 글귀를 만나면 머리는 맑아지고 마음은 풍성해진다. 그런 글에는 여름철 더위를 잊게 하는 수국 같은 청아함이 있어 나처럼 글을 잘 쓰지 못해 속 타는 사람에겐 가뭄에 단비다. 나는 글재주가 부족한 처지에도 불구하고 좋을 글귀를 대하면, 주제넘게 키재기를 해보려고 억지를 부릴 때가 있다. 다행히 그런 치기를 넉넉하게 받아주는 사람들 덕택에 꿉꿉한 날씨 같은 마음이 들창 넘어 내리는 소낙비처럼 차분해진다. 얼마 전 책을 읽다가 한 대목에서 심장이 멈출 것만 같은 일이 있었다. 작가의 이름을 모르고 읽었는데, 나도 모르게 밑줄을 그었다.

글이 간결하면서 온돌방 아랫목 같았다. '마음의 온도는 몇 도일까요? 너무 뜨거워서 다른 사람이 부담스러워하지도 않고 너무 차가워서 다른 사람이 상처받지도 않는 온도는 따뜻함이라는 온도라는 생각이 든다. 보이지 않아도 느껴지고 말없이 전해질 수 있는 따뜻함이기에 사람들은 마음을 나누는 것 같다.' 누가 이렇게 아름다운 글을 지었나 살펴보니 초등학교 6학년인 정여민이었다. 흉선암으로 진단받은 엄마를 위해 강원도 오지에서 생활하는 정여민의 가족, 그런 엄마를 사랑하는 아들은 말보다 글로 마음을 표현하는 아이가 되었다. 정여민 이는 하늘의 별도 돌멩이도 나무도 이름조차 없는 풀마저 희망으로 바라보는 시인이다.

남들보다 일찍 세상을 떠난 아버지가 떠오른다. 나도 철이 더 빨리 들었더라면 부자지간에 술잔을 마주하거나 노을 진 들녘을 함께 걸어가는 발자국을 남겼을 것이다. 아버지는 내가 대학을 졸업하고 직장에 다닌 지 3년이 채 되지 않을 때 갑자기 세상을 떠나셨다. 그때의 암울하고 먹먹해진 마음을 품고 8년을 보낸 뒤에야 아버지를 보내드릴 수 있었다. 그래서 그런지 정여민의 글이 이제는 한결 나아졌다고 여기던 아버지에 대한 그리움을 다시 자아내게 한다. 정여민이 어머니가 하루속히 쾌차하여 아들의 가슴에 드리운 그늘이 걷어지기를 책갈피에 햇살 같은 소망을 가득 담아본다.

정여민의 글은 나에게 글 스승이라 해도 지나침이 없다. 이런 좋은 글은 나 같이 글을 잘 쓰고 싶은 사람에게 길잡이가 된다. 스승이란 의미가 모든 분야에서 반드시 경험이 풍부하고 전문적인 지식을 갖추어야만 누구를 가르치거나 효율적으로 지혜와 지식을 전달하는 것은 아니라고 생각한다. 〈논어 술이편述而篇〉을 보면 '삼인행三人行이면 필유아사必有我師' 라고 했으니, 스승의 위치가 특별하고 제한적이지 않다고 본다. 그래서 글 쓰는 처지로서 뛰어난 글을 대하면 그처럼 좋은 글을 쓰고 싶기에 작자가 누구이든 스승이라 여긴다. 책을 읽다 보면 좋은 글의 공통적인 요소를 몇 가지 발견할 수 있다.

좋은 글을 쓰는 것은 기술과 창의력의 결합이다. 글을 쓸 때 자기가 관심이 가는 주제를 선택하면 글 쓰는 과정이 더욱 즐거워질 뿐 아니라 읽는 사람에게도 더욱 흥미롭게 전달된다. 그리고 읽는 이의 관심사, 지식수준, 문체 등을 고려하여 글을 구성하면 더욱 쉽게 이해하고 공감한다. 길고 복잡한 문장보다는 직설적이고 명료한 문장을 사용하는 것이 읽는 사람이 이해하기 쉽고 글의 흐름을 따라가기 쉬울 것이다. 또한 어휘는 글의 분위기를 결정짓는 중요한 요소임으로 문맥에 맞는 적절한 어휘를 선택하면 글은 더욱 생동감이 있다. 그리고 글을 쓴 뒤에는 다른 사람의 시각과 조언을 듣고 글을 수정하고 발전시키는 과정을 거치면 더욱 풍부하고 완성도 높은 글이 된다.

따라서 남이 잘 적은 글을 읽는 것은, 나의 글쓰기에 도움이 된다. 다른 사람의 글은 새로운 아이디어나 관점을 제공하고, 글쓰기 기술을 발전시킬 수 있는 훌륭한 자료이다. 좋은 글은 언어적인 표현과 문법적인 규칙이 알기 쉬워서 효과적으로 문장 구조와 단어 선택, 글 흐름 등에 대한 이해가 높아진다. 글은 독자와의 소통 수단이기 때문에, 좋은 글은 문맥을 파악하고 읽는 이의 관점에서 생각하며 글을 쓸 수 있는 능력을 보여준다. 그 결과 자신의 글과 비교함으로써 개선 방향을 파악하여 문장력을 발전시킬 수 있다. 따라서 좋은 글은 잘 쓰게 하는 데 있어 도움을 주는 소중한 존재이며 큰 역할을 한다.

요즘은 책이 아니라도 SNS에서도 심금을 울리는 짤막한 글을 만난다. 최근 친한 일가가 경찰공무원을 정년 퇴임하며 동료 후배들에게 보낼 퇴임 인사 글을 적었으니 살펴달라고 보내왔다. 내가 보기에 자신의 36년간 경찰관 인생이 담백하게 녹아있어 퇴직의 의미를 잘 표현한 것 같아 굳이 따로 손댈 필요가 없었다. 글 자체가 소박한 달빛처럼 넉넉하니 그대로 전하라고 말해 주었다.

퇴직 인사드립니다.

혈기 왕성하고 세상 무서운 줄 몰랐던
스물네 살의 청년이 경찰관으로 처음 출근하여
개울을 건너고, 산을 넘어 걸어온 세월을
많은 분의 도움을 받아
오늘 24시를 시점으로 마지막 근무하고
퇴근하게 되었습니다.

노을을 품었기 때문에 석양이 아름답듯
추억을 품었기 때문에 퇴직이 아름답지 않을까
생각하면서
그동안 동료들로부터 받은 큰 은혜를
영원히 가슴 깊이 간직하고자 합니다.
멋진 분들과 함께한 ○○지구대에서
행복한 말년을 보냈습니다.
건강하시고 늘 즐겁고 신바람 나는
날들이 되시기를 기원합니다.

김○○ 드림

누구나 노인이 된다

한 노인이 쓰레기 더미 옆에 손수레를 세워놓고 뭔가를 뒤지고 있다. 한참을 뒤지는가 싶더니 이내 공병 몇 개와 종이상자를 챙겨 손수레에 싣는다. 누군가가 버린 병과 종이상자는 노인에게 이 겨울에 따뜻한 한 끼 식사가 될 것이다. 이른 아침부터 고물을 주워 판 돈으로 생계를 이어가는 그는 주변에서 흔히 볼 수 있는 고물 줍는 노인이다. 노인 중에는 일을 하지만 삶은 여전히 궁핍한 사람들이 있다. 가난에서 벗어나기 위해 몸부림칠수록 그물에 걸린 고기처럼 곤궁한 삶을 더욱 옥죈다. 우리네 사회는 경제적으로 풍요로워졌어도 가난한 이들에게는 여전히 담 너머 딴 세상일 뿐이다.

오늘도 해가 어둠을 개며 아침을 맞이한다. 용두산 공원 아래 길바닥에는 간밤 술에 취한 청년들의 흔적이 가득하다. 공원에는 노인들이 삼삼오오 공원길 벤치 따라 자리한다. 밤과 낮을 두고 노인과 청년들의 시간은 각기 다르게 흘러간다. 노인들은 각자 정해진 자리가 있는 듯 빈자리가 있어도 굳이 늘 찾던 자리에 앉는다. 그들은 이곳을 좋아해서 찾는다기보다 마땅히 갈 곳이 없어서 몰려든다. 누군가를 기다리듯 혼자 앉아 있는 노인부터 주변 사람과 이야기를 나누는 노인, 장기판을 구경하는 노인까지. 무료함을 달래는 방법은 저마다 다르지만, 이곳에서 무료 급식으로 끼니를 해결할 때는 같이 한다.

그나마 공원에서 하루를 보내는 노인은 형편이 나은 편이다. 손수레에 폐지를 싣고 골목 귀퉁이 고물상으로 향하는 사람의 대부분은 노인이다. 수레에는 폐지를 줍는 노인의 하루가 실려있기도 하다. 새벽녘부터 손수레를 끌기 시작한다. 밤사이 상점에서 버린 종이상자를 남들보다 조금이라도 더 수거하기 위해 저울에 폐지 무게를 달아 내려놓고 곧바로 다시 수거하러 고물상을 빠져나간다. 제대로 된 안전장치가 없는 어두운 길을 가면서도 그들은 자신들의 안전보다 폐지가 적게 나올 때를 더 걱정한다. 최근에는 코로나로 장사가 시원찮고, 물가마저 올라 소비가 줄어든 통에 손수레를 채우지 못하는 날이 많아졌다.

언론 기사에 폐지 수거로 한 달에 50만 원 정도 번다고 한다. 사람마다 수익이 다르겠지만 새벽부터 온종일 일하는 것 치고는 너무 적은 금액이다. 게다가 폐지를 줍는 모두가 딱한 처지가 아니라는 것을 폐지 줍는 노인의 인터뷰 기사를 통해 알았다. 그는 '폐지를 줍지 않아도 사는 데는 지장이 없으나 나이 들어 밥 얻어먹고 사는 것보다는 낫다.' 라고 하였다. 그는 고물상 출입이 일상이지만, 자식에게 의지하지 않고 노동의 순수성을 생각하며 살아가는 사람이다. 나는 매일 길을 나선다는 그의 말이 고립되고 싶지 않다는 말로 들렸다. 아직도 많은 노인이 삶에 허덕이며 고립된 채 살아가고 있다.

한국노인인력개발원에서 발표한 '폐지 수집 노인 실태에 관한 기초연구' 를 보았다. 2019년에 만 65세 이상 중에 폐지를 수집하는 노인은 약 6만 6천 명으로 추정되는데, 이 수치는 전체 노인의 0.9%로 일하는 노인의 2.9%에 해당한다고 한다. 폐지 수집 노인 중 생계형은 68.5%이고, 이들 중 정부의 일자리 사업에 신청한 적이 없는 이는 77%로 조사됐다고 한다. 노인들이 일자리 사업 정보에 대한 접근성이 낮을 뿐만 아니라 숙련된 기술이 없어 벌이가 괜찮은 업종에는 나서지 못하는 현실이다. 그러다 보니 쉽게 할 수 있는 일이 고물 수집이라 그야말로 쓰레기 더미 속의 노인이다.

내 박사학위 논문 주제는 '인구 고령화에 따른 의료비 관리 연구' 이다. 논문 쓸 당시 통계청 장래인구 추계 자료에서 우리나라의 급속한 저출산과 고령화로 인해 50년 뒤에는 인구의 절반이 노인층이 된다는 전망이었다. 이는 세계에서 가장 빠른 인구 고령화로 사회경제에 미치는 영향은 자못 심각할 정도로 우려스러운 상황이었다. 요즘 주위를 둘러보면 사회 전반에 이미 그 조짐이 나타나고 있다. 군 복무 인력 부족 결과 부대 규모를 통폐합하고 있으며, 학령인구 감소로 대학의 정원 미달 사태가 일어나고 있고, 산업현장에는 기술 인력이 부족한 상태이다.

누구라도 언젠가는 노인이 된다. 우리나라 국민의 건강은 충분한 영양공급과 의료기술의 발달로 기대수명이 점점 길어지고 있지만 복지 사각지대는 넓게 분포한다. 그러나 정부는 노인 일자리 창출을 위해 환경미화, 등굣길 안전 지킴이 등의 단순 노무인 공공형 일자리를 제공하고 있다. 그 때문에 내 주위에는 퇴직을 앞두고 전기, 공사 관련 자격증을 취득하거나 공인중개사를 공부하는 이들이 많다. 사업 현장은 점점 기계화되어 직접적인 단순 노무 일자리는 줄어드는 추세이다. 노인이 경제활동에 참여하기 위한 양질의 일자리를 제공하려는 정부 관련 뉴스도 그런 추세를 반영한다.

노인 복지에 대해서는 사회구성원 전체가 관심을 가져야 한다. 그러나 현실은 복지의 사각지대로 노인 세대에도 양극화가 존재한다. 그 양극화를 완화하기 위해서는 적정한 소득을 얻는 일자리가 절대적으로 필요하다. 이러한 노력은 정부가 공공 부문의 책임자로서 역할을 충실히 하는 동시에 민간 기업이 참여할 수 있는 제도적 기반을 마련해야 한다. 노인 연령대를 만 65세에서 70

세로 상향하는 것과 노후를 대비한 무료 산업교육 제공 그리고 정년 연장 등 인구감소를 고려한 사회적 합의가 중요하다. 노인들이 소득을 바탕으로 다양한 활동을 할 수 있을 때 사회는 좀 더 살 만한 공동체가 되리라 생각한다.

2

나무늘보처럼 걷는다

나무늘보처럼 걷는다

나는 TV프로그램 중에 자연 생태계를 다루는 다큐멘터리를 좋아한다. 대표적인 프로그램으로는 KBS의 '동물의 왕국', BBC와 내셔널지오그래픽의 '동물의 세계' 등이 있다. 이런 프로그램은 생태계 동식물들의 생존방식과 먹이사슬의 역할을 보여주고, 또한 유기적 관계를 통해 자연이 유지된다는 것을 보여준다. 그리고 사람들에게 동식물들이 살아가는 환경의 변화와 보호에 있어 어떤 조치가 필요한지를 알려줌으로써 자연과 환경 보호에 대한 인식을 높일 수 있다. 이는 곧 인간도 자연의 피조물로서 생태계에서 서로 공존한다는 삶의 지혜를 배우게 한다.

그런 방송 프로그램을 보다 마음이 짠했던 동물이 나무늘보였다. 나무늘보는 세계에서 가장 느린 동물 중 하나이다. 열대우림 지역에 서식하는데, 주로 멕시코, 중앙아메리카 및 남아메리카 지역에서 발견된다. 대부분은 나무에서 생활하며, 네 발가락과 갈고리 모양의 발톱으로 잘 타고 다니고, 잠을 잘 때마다 나무에서 떨어지지 않도록 발톱으로 가지를 잡고 자는 것이 특징이다.

약육강식의 야생에서 느린 움직임과 변변한 신체적 무기조차 없는 구조로 살아가는 게 신기하고 곧 멸종이 될 것 같아 안쓰러웠다. 그 반면에 움푹 들어가고 선한 얼굴은 보는 사람에게 애잔한 마음이 들게 하고, 아름다운 털, 작은 귀, 긴 팔과 발가락은 착한 이웃처럼 사람들에게 친근하다.

그러나 내 생각은 착각이었다. 나무늘보는 게을러서 느린 게 아니라 살아남기 위해 느려진 것으로, 생존력이 상상 이상이었다. 나무늘보는 생존을 위해 다양한 전략을 구사한다. 극도로 느린 움직임을 유지하여 일주일에 10미터 정도만을 이동하면서, 포식자들의 시선을 피하고 높은 나무 위에서 안전하게 생활한다. 또한 브라운 지방세포를 갖고 있어 에너지 소비를 최소화하여 일주일에 한 끼만 먹어도 생존할 수 있다. 갈고리 모양의 발톱과 긴 팔다리는 나무늘보를 나무에 잘 붙어 있고, 떨어지지 않도록 안전한 자세를 유지할 수 있도록 한다. 게다가 거의 소리 없이 살아가기 때문에 포식자의 주의를 끌지 않는다.

나무늘보는 나에게 꾸준함을 보여준다. 나는 끈기가 부족하여 각오를 다지고 무엇을 시작하더라도 얼마 지나지 않아 포기하는 바람에 종종 스스로 실망하곤 한다. 나무늘보는 느리지만 꾸준히 움직이는 모습이 인상적으로 인내와 지속성의 중요성을 상기시킨다. 우리는 원하는 결과를 얻기 위해서는 노력과 인내가 필요하다. 따라서, 나무늘보처럼 노력하면 작은 것을 성취할 수 있고 나아가 더 큰 목표를 달성할 수 있다. 자연 생태는 이처럼 꿈을 좇는 사람들의 나아가는 방향에 희망을 불어넣는다.

꿈을 좇는 사람이란 어떤 사람일까. 자기만이 가진 뛰어난 자질을 발견하고, 그것을 이루기 위해 끊임없이 노력하고 능동적으로 움직이는 사람들을 말하리라. 그들은 자신이 원하는 것을 찾기 위해 시행착오를 겪기도 하지만, 그 과정에서 자신의 목표를 끊임없이 추구하여 발전하려는 열정을 가지고 있다. 그 열정은 노력과 시간을 투자하며, 때로는 어려움과 도전을 극복해야 하는 상황에서도 포기하지 않는 끈기이기도 하다. 그러나 꿈을 좇는 것은, 실패와 좌절이 따르기 때문에 쉽지 않다. 하지만 이러한 어려움을 이겨내고, 자신의 꿈을 이루기 위해 도전하는 꾸준한 열정이 성공의 열쇠가 된다.

대기만성하면 상상되는 동물이 나무늘보일 것이다. 목표를 달성하기 위해서는 지속적인 노력과 시간 못지않게 느림의 지혜가 중요하다. 여유를 가지고 느리게 가는 것은 자신의 꿈을 이루는데 있어서 강요되는 속도와 스트레스를 줄여주는 요소 중 하나이다. 때론 빠르게 일을 처리해야 한다는 압박감이나 스트레스가 오히려 작업의 질과 효율성을 저해시킬 수 있다. 여유를 가지고 느리게 가더라도 꾸준함을 유지하면서 작은 성과들을 축적해 나가는 것은, 목표를 달성하는 데 있어서 좋은 전략이다. 사회가 복잡해질수록 단기적인 성과보다는 꾸준함을 통해 알찬 내실을 가지는 삶의 질을 중요시하고 있다.

세월이 갈수록, 나무늘보의 걸음이 현명하다고 생각된다. 그런 생각의 지점에서 되돌아보니 때로는 나도 나무늘보와 같은 발걸음으로 꿈을 좇기도 했다. 어둠에서 등대처럼 반짝이는 별빛을 바라보며 밟아가도 내 것으로 만들 수 없을 때가 많았지만 좋았었다. 왜냐하면 비록 잡히지 않는 꿈이라도 그곳을 쉼 없이 비추는 방향으로 계속 나아갈 수 있어서 희망이란 빛을 보게 하였기 때문이었다. 우리네 인생은 길을 걷다 쉬면서 햇빛에 따라 변하는 그림자를 바라보며 자기 모습을 돌아볼 때가 있다. 이러한 반복적인 감정의 나선형 삶은 희망, 도전, 실패, 재도전, 그리고 주변의 사람들과 다시 설렘의 경험을 함께했다.

지금도 그렇지만 나에게는 삶의 철학을 함께 공유하며 희망을 꿈꾸는 동반자들이 있다. 그 사람들은 무지개처럼 색깔은 달라도 지향하는 삶의 방향은 비슷하여 철새와 닮았다. 철새가 먼 대륙으로 이동할 때 앞선 새의 날개에 힘입어 뒤따르는 새가 공기 저항을 적게 받아 비행이 수월해지고, 그러다 지치면 서로 교대하면서 목적지를 안전하게 나가는 것처럼, 무릇 동반자는 그런 존재라고 생각한다. 돌이켜 생각하면 내 꿈은 나무늘보와 같은 걸음으로 함께 간 동행이었다. 그런 동행이 있었기에 크게 이룬 것은 없어도 초라하지는 않았고, 무엇보다 외롭고 쓸쓸하지 않았다.

어딘지 모를 곳으로 다시 걸어가련다. 변화된 삶에서 '이제 또 무엇을 시작할 수 있을까.' 라고 생각했으나 나무늘보의 걸음처럼 꾸준함이 길을 밝혀주리라 믿는다. 시작이 반이라고 걷다 보면 어느덧 내가 생각했던 길에 가까이 다가갈 것이다. 느림은 게으름이 아니라 꾸준함일 때 아무것도 아닌 일도 의미가 있는 일이 된다. 느리게 흐르는 구름처럼 나의 길은 처음부터 그렇게 시작될 것이다. 그리고 갈 데까지 가보다가 멈춰지면 비로소 멈추면 된다. 그 길에 누군가와 동행하노라면 굼뜨더라도 방황하거나 헤매지 않고 뚜벅뚜벅 갈 수 있다. 그렇게 길을 걷노라면 인생은 속도가 아니라 방향임을 알 수 있으리라.

기억의 오류

우리는 기억을 얼마나 신뢰할 수 있을까? 기억은 우리의 삶에서 일어난 사건과 경험을 기록하기 때문에 발생 시기가 가까울수록, 타인과 경험을 공유할수록 신뢰를 담보한다. 오랜 세월 동안 찰떡같이 믿었던 기억이 왜곡되었다는 것을 아는 순간 당황스럽고, 다른 사람과 함께 공유한 기억조차 다르게 알고 있으면 황당하기까지 하다. 그런 경험은 기억이 일어났던 지점으로부터 멀리 떨어져 있을수록 더 많이 그리고 자주 일어나는 현상이다. 또래보다 비교적 기억력이 좋은 편이라 여기던 나도 그런 일이 잦아지게 되니 씁쓸하고 하얗게 세어진 머리카락이 한 줌 더 늘어나는 기분이다.

얼마 전의 일이었다. 예전에 나와 같은 직장을 다니다 퇴직해서 이제는 건실한 사업가로 성공한 친구를 만나 저녁을 먹었다. 서로 전화는 자주 하는 편이지만 사회생활 영역이 다르고, 무엇보다 친구의 바쁜 사업 일정으로 인해 만나기가 쉽지 않다. 오랜만에 만난 우리는 함께 근무하던 옛 시절을 회상하며 이야기꽃을 피우다 임용발령장을 받은 날을 떠올렸다. 그런데 그날 상황에 대해 서로 기억이 엇갈렸다. 친구는 비록 자신이 직장을 퇴사한 지 오래되었지만, 첫 직장에서의 인사발령이라 기억이 뚜렷하다고 했다. 하지만 나는 직장에서 근무하면서 가끔 인사자료를 보았기에 친구의 기억이 오류라고 말했다.

삶은 기억에 의존하며 살아간다. 우리는 경험과 학습을 통해 기억을 형성하며, 그것을 바탕으로 선택하고 판단한다. 하지만 우리가 기억을 얼마나 믿을 수 있을까? 기억은 오류를 내포하고 있으며, 우리는 종종 이러한 기억의 오류로 인해 오해와 혼란을 겪는다. 최근 직장 업무회의에서 한 동료가 몇 년 전 자신이 주장했던 사항을 반대로 얘기하는, 혼란스러운 일이 발생했다. 정확한 사실을 알고자 당시 회의록을 확인해 보니 그의 착각이었다. 이처럼 기억의 오류가 왜 일어나는지, 이러한 오류를 어떻게 이해하고 대처해야 하는지 알아보았다. 기억의 오류는 시간의 흐름에 따라 퇴색한다고 한다.

기억의 왜곡은 경험한 사건을 재구성하는 과정에서 발생한다. 개인의 관점과 선호에 따라 정보를 필터링하면서 불필요한 사항을 생략하거나 감정적인 의미를 부여한다. 또 거짓 기억은 경험을 저장할 때 피드백 루프(feedback loop)*와 상호작용하여 수정되는 유연성 때문에 발생한다. 다른 사람의 이야기나 외부 정보에 노출된 결과, 감정적인 충격이나 외부의 영향을 받은 사건으로 거짓 기억이 유발될 수 있다. 기억 인증은 신뢰성을 높이는 과정이지만 실수나 잘못된 정보에 기반할 수 있다. 다른 사람들의 증언이나 문서적 증거는 편견과 편파적일 수 있어, 기억을 잘못된 방향으로 이끌 수 있다. 시간이 지남에 따라 기억은 퇴색한다. 이는 일상적인 일부터 중대한 사건까지, 정보나 사건의 순서가 혼동될 수 있다.

우리는 일상에서 기억의 오류를 가끔 겪게 된다. 그래서 오류를 이해하고 대처하는 방법을 습득함으로써 정확하고 신뢰할 수 있는 기억을 형성하여 삶을 명확하게 이해하도록 노력해야 한다. 따라서 기억 왜곡을 인식하고, 자신의 기억이 완벽하지 않을 수 있다는 사실을 인정하는 것이 중요하다. 기억은 주관적이며 개인적인 경험에 기반한다. 다른 사람들과의 의사소통과 의견 교환을 통해 다양한 관점을 고려하여 왜곡된 기억을 보완할 필요가 있다. 기억의 신뢰성을 높이기 위해서는 기억된 사건이나 정보인 문서, 사진, 동영상 등과 비교하여 사실을 확인할 수도 있다.

그 이외에도 기억을 강화하고 왜곡을 최소화하는 몇 가지 방법이 있다. 스트레스는 기억의 왜곡을 촉진하는 요인 중 하나이다. 스트레스 관리와 휴식을 통해 정신적인 안정을 유지하는 것이 중요하다. 일상에서 중요한 사건이나 정보를 기록으로 남기면 다른 사람들과의 의사소통에 도움을 줄 수 있고, 필요한 경우에 기록을 참고하여 기억의 정확성을 확인할 수 있다. 중요한 사건이나 정보는 다양한 출처를 찾아보고, 증거를 수집하는 작업이 필요하다. 기억은 특정한 문맥과 상황에 의해 형성된다. 때때로 우리는 기억을 단편적으로 이해하거나 잘못된 문맥에서 해석할 수 있다. 따라서 기억된 사건이나 정보를 평가할 때 해당 문맥과 상황을 고려해야 한다.

기록의 중요성은 몇 번을 강조해도 지나치지 않는다. 삼성그룹의 이건희 회장은 우리나라와 일본의 기업문화를 비교하며 기록을 소홀히 하는 문화를 꼬집었다. 그가 거론한 예를 들어보면, 일본회사 직원은 업무 프로세스를 상세히 기록해서 인수인계할 때 후임자가 최대한 빨리 적응할 수 있도록 한다던가 해외 출장에서 자신이 경험한 출장지의 숙소, 음식, 거래회사의 분위기 및 담당자의 성격 등을 기록해 두었다가 다른 동료들이 출장 갈 때 요긴하게 활용하도록 한다는 것이다. 우리나라도 왕조실록이나 사신단의 사행록, 열하일기와 선비들의 빙옥난고, 간양록, 표해록 등의 다양한 자료가 많이 전해오고 있어 기록문화가 대단한 나라였다. 그러나 오늘날에는 기록문화가 보편화되지 않아 안타까운 생각이 든다.

기억은 우리가 삶을 인식하고 이해하는 데 중요한 역할을 한다.

하지만 우리네 삶은 기억의 오류와 함께 살아가고 있다. 오류는 어떤 특별한 이유로 일어나는 것보다 기억 시스템의 한계에 의해 발생한다고 한다. 따라서 현실을 인식하고 다양한 대처 방법을 이용하여 신뢰할 수 있는 기억을 형성하도록 노력할 필요가 있다. 그렇게 노력을 기울이면, 우리는 더 나은 판단을 내리고 효과적인 의사소통을 할 수 있으며, 혼란과 오해를 최소화할 수 있다. 우리네 삶이 저물어 갈수록 기억의 오류란 밤도둑이 자주 찾아올 것이다. 내 마음의 불을 밝게 켜고 인생의 곳간이 털리지 않도록 조심해야 한다.

* 피드백 루프(feedback loop)
어떤 시스템에서 처리 결과의 정밀도, 특성 유지를 위해 입력, 처리, 출력, 입력의 순으로 결과를 자동으로 재투입하도록 설정된 순환 회로.

남자들의 수다

나이가 들어가니 예전에 없던 일이 가끔 생긴다. 그중의 하나가 중년 남자들의 수다로, 우리 아버지 세대는 상상하기 어려웠던 일이다. 남자란 모름지기 말수가 적고 과묵해야 점잖아 보이고 믿음이 간다고 했다. 반면에 말실수라도 할라치면 '말만 앞세우고 촐랑거리더니 저렇게 되었다.'라며 멀쩡한 사람도 가벼운 사람 취급하던 사회 풍조가 있었다. 그처럼 어린 시절부터 감정 표현을 억제하는 게 미덕인 줄 알고 자란 중년 남자들이 삼삼오오 모이면 수다를 떤다. 사람의 심리가 그렇게 변하는 게 유행인지, 아니면 사회 구조가 변화된 담론인지 궁금하여 세상을 한번 들여다본다.

요즘 중년층의 삶의 질은 과거보다 많이 향상되었다. 경제발전으로 가족을 부양하기 위해 허덕이지 않아도 되고, 또한 의학의 발전으로 건강한 삶을 누린다. 그러나 삶의 질에 대한 변화는 가질 수 있어도 신의 영역인 생로병사生老病死는 어쩌지 못한다. 누구나 중년이 되면 호르몬 변화로 다양한 신체적 증상이 나타나는

데, 그로 인해 당황하는 중년 아저씨들의 푸념을 자주 듣게 된다. 남성은 여성의 폐경기처럼 전형적인 호르몬 변화 없이 서서히 찾아오기 때문에 개인적 차이가 있다. 보통은 흰머리, 노안, 뱃살 같은 외모의 변화나, '체력이 떨어졌다.', '몸이 예전과 같지 않다.' 라는 경험 등을 말한다.

중년에 이르면 의외로 건강검진 받는 것을 두려워한다. 검진 결과에서 이상한 신호가 발견되거나 지표가 전과 다르게 나타나면 면역력이 떨어진다는 의미이기 때문이다. 그때부터 사람들은 자기의 삶이 예전처럼 관리하기 어렵다는 것을 깨닫게 된다. 그래서 서글퍼지고 우울감이 오며 의욕과 활력을 잃게 된다. 이런 일을 겪을 때 남성과 여성은 이를 대응하는 방식에서 차이를 보인다. 비교적 여성은 자신의 정서를 타인과 공유하는 데에 적극적이어서 좋지 않은 일이 있으면 울기도 하고 수다를 떨거나 자기만의 방법으로 푼다. 그러나 남성은 자신의 감정을 스스로 애써 억누르고 다른 사람에게 털어놓거나 표현하지 않는 채 덮어 놓는 편이다. 그래서 남성은 마음의 병을 스스로 키운다고 한다.

이러한 남성의 행동 양식에는 그들만의 생존방식이 영향을 미친다. 남자에게 있어 자신의 단점을 노출하는 것은 경쟁사회에서 도태를 의미하며, 어린 시절부터 강해야 한다는 사회 통념이 존재한다. 그런 통념은 누구나 한두 번은 겪어 보았을 것이다. 내 아들이 어렸을 때인데, 서울에서 이모가 우리 집에 오셔서 며칠간 묵으셨다. 이모는 내 아들의 여린 성격을 보고 걱정되셨는지, 남자는 강하게 키워야 한다고 말씀하셨다. 대개 그렇게 성장한 남자들은 중년에 나타나는 호르몬 변화에 따른 현상을 남들에게 보이기 싫어한다. 이런 중년 남자를 '거품 청년' 이라고 하는데, 겉으로는 태연한 척하지만, 육체적으로 쇠약하고 정신적으로 힘들어하는 거품이 가득한 아저씨들을 빗댄 말이라고 한다.

친구와의 만남은 계모임처럼 한정된 친구만 늘 만나는 게 일반적이다. 그러나 장례식장 같은 곳에 가면 한동안 얼굴을 보지 못한 친구들을 만나기도 한다. 작년에 대학 동창 모친상 조문을 갔는데, 조객실 한 곁에 머리카락이 희끗희끗한 중년의 아저씨 한 무리가 있어 가까이 다가가니 동창들이었다. 길거리에서 마주치면 알아보지 못할 정도로 세월이 흘렀다는 것을 새삼 다시 느낄 수 있었다. 소주잔을 함께 기울이며 이심전심으로 수다를 늘어놓았다. 취직하고, 가정을 꾸려 직장인으로 앞만 보고 달려온 덕분에 먹고살 만해졌지만 돌아보면 아쉽고 후회되는 일도 적잖다. 열심히 살면, 성공은 못하더라도 그런대로 여유는 있을 거라 기대했다. 그런데 중년의 삶은 여전히 팍팍하고, 고단하며 딱히 내세울 게 없는 그저 '성실히 살았다.' 라고 하는 정도의 자기만족이다.

늦은 밤까지 계속되는 답도 없는 수다는 소주병 수를 늘어놓았다. 중년의 아저씨들이 더 서글퍼지는 건 그렇게 열심히 살아온 시간에 정작 '나를 위한 내'가 없었다는 말들이다. 가끔 뭔가를 하고 싶어 막상 생각에 잠겨도 금방 떠오르지 않고, 생각났다가도 이내 사라져 버리는 바람에 막막함이 엄습한다. 퇴근하고 시간 여유가 있어도, 주말에 혼자 있는 시간이 생겨도 막상 하고 싶은 것이 딱히 없어 무료함에 우울감마저 든다고 한다. 길어진 수명만큼 주변에는 비슷한 처지들이 많아지고, 부모와 자식 세대가 함께 늙어간다. 생애주기는 확장되었는데, 준비되지 않은 노후를 걱정하는 사람들끼리 모이면 답답한 수다를 하게 된다.

"요즘 새벽 두 세시에 잠을 깬다. 전에는 잠에서 깨도 다시 잘 잤는데, 이제는 한 번 깨면 다시 잠을 이루지 못한다."

"확실히 늦잠이 없어졌다. 젊을 때는 늦게까지 술 마시고 자면, 다음날 지각하기 일쑤였는데, 오십이 넘어서는 술을 많이 먹어도 일찍 눈이 뜨인다."

"노안 때문에 불편한 게 많다. 책이나 서류를 볼 때 안경을 코에 걸고 봐야 한다. 집중력은 떨어지고, 건망증도 더 늘어나니 서글픔이 들 수밖에."

"내 머리카락 빠진 것 봐라. 머리카락에 힘이 없어 감으면 한 움큼씩 빠진다. 흰머리라도 머리숱이라도 많으면 좋겠다."

"예전에 드라마를 봐도 시큰둥했었는데, 요새는 울컥해져서 눈물이 난다."

"나도 TV를 보고 운 적이 없었는데 요즘은 별로 감동적인 장면이 아니어도 눈물이 난다. 특히 부모님 관련된 장면이 나오면 나도 모르게 눈물이 난다."

한때는 친구들도 과묵한 상남자였다. 세월이 흘러 중년이 되자 드라마나 다큐멘터리 '인간극장'과 같은 영상에 눈물을 글썽이고, 그런 자기 모습에 민망해한다. 여자는 자신의 감정을 솔직하게 노출하고 내면을 여과 없이 드러내는 수다를 통해 소통하고 대화한다. 하지만 남자들의 적은 말수는 유교 문화적 영향보다는 부족한 감성에 있다. 이제는 이성과 논리가 가치적이라는 착각을 버리고 감성이 중년 이후의 삶에 더 중요한 매개체라고 인식하여야 한다. 그래서 호르몬 변화로 풍부해진 감성을 적당한 수다를 통해 세상과 소통하기를 권한다. 그러면 그동안 잊고 있던 나를 찾을 수 있지 않을까 생각한다.

불멍

우리 종가에는 솟을대문 못지않게 행랑채 아궁이가 터주로 자리하고 있다. 요즘은 시골도 가스나 전기를 이용한 현대식 보일러를 사용하고 있어 오래된 한옥이나 누옥이 아니면 옛 아궁이를 찾아보기 힘들다. 더러는 구들장 장인이 제대로 만든 전통 아궁이와 벽돌에 시멘트를 바른 급조한 아궁이도 있다. 그야말로 자연석을 쌓고 황토를 바른 옛 아궁이는 깊은 시골 오지에나 가야 볼 수 있을 것이다. 고향 마을은 새마을운동의 영향으로 연탄아궁이를 새로 만들면서 나무 때는 아궁이는 그대로 두었다. 연탄은 나무보다 번거롭지 않고 편리하였으나 겨울 추울 때나 잔치가 있는 날이면 예전 아궁이를 이용했다. 옛 아궁이는 타닥타닥 소리를 내며 타는 장작으로 불을 때는 정겨움이 있었다.

나의 어린 시절을 회상하면 초가집에 돌담이 어우러진 전형적인 시골 풍경이 떠오른다. 새벽이면 닭 홰치는 울음소리에 맞춰 굴뚝에서 연기가 피어오르고 아침햇살이 처마에 닿으며 아이들을 깨운다. 우리 마을은 새마을운동 이전에는 대부분 초가여서 산에서 나무를 해다가 군불을 땠다. 아궁이에 군불을 땔 때는 먼저 불쏘시개를 넣고 불을 지핀 후 잔가지를 넣고 그 위에 장작을 땠다. 장작이 뻘겋게 불을 먹으면 가마솥은 끓어오르기 시작했다. 시골의 아궁이는 음식을 만드는 용도와 소의 여물을 쑤기 위한 용도가 따로 있었다. 소는 농사에 없어서는 안 될 소중한 자산이기에 소여물은 사람의 끼니 이상으로 중요했다.

부지깽이로 군불을 들썩이며 장난쳤던 다음날엔 어김없이 오줌을 지렸다. 어머니는 나에게 키를 씌워 이웃집에 소금을 얻으러 보냈다. 영문도 모른 채 이웃집에 갔다가 옆집 아주머니로부터 소금과 함께 '요놈, 한 번 더 오줌싸면 혼꾸멍날 줄 알아라.' 하며 겁을 주는 통에 무섭고 서러워 집에 들어가기 싫어 담벼락에 삐대면 어머니가 달래러 나왔다. 장작에 타던 불길이 어느 정도 지나면 부뚜막 가마솥에서 김이 모락모락 피어나오며 '씨이잉' 하고 솥뚜껑 사이로 밥 끓는 소리가 들려왔다. 아이들은 아궁이에 들어가는 간식거리가 관심이었다. 너나 할 것 없이 고구마와 감자를 넣고 기다리는 동안 매캐한 연기가 눈을 찔러도 그저 행복하기만 했다.

옛 아궁이에 군불을 지피면 원적외선이 나온다고 한다. 얼핏 건강 관련 기사를 본 기억을 떠올려 보니 불에 달구어진 황토가 원적외선을 방출하여 몸의 독소를 제거해 준다고 하였다. 그 사례로 시골 할머니들이 젊은 시절 열악한 의료환경과 바쁜 농사로 인해 산후조리를 제대로 받지 못했어도 부인과 질환이 덜한 이유가 원적외선 덕분이라고 했다. 그리고 아궁이에 불을 지피며 마음의 응어리와 시름을 달래기도 했다. 시골 생활이라는 게 몇몇 유지 집안을 제외하고는 팍팍한 살림살이 때문에 빠끔한 날이 없는 고단한 삶의 연속이었다. 그래도 남정네들은 술과 담배로 숨을 쉴 수 있었지만, 아낙네들은 낮에는 농사에, 저녁엔 부뚜막에 쪼그려 앉아 있는 날이 부지기수여서 그러지 못했다.

시골 아낙네들의 한숨을 태우던 아궁이 군불은 불멍이었으리라. 가끔 야외에서 장작 불길을 멍하니 바라보노라면 내 안의 망상도 함께 태워지는 듯 차분해진다. 그리고 타닥거리는 장작불 소리가 나에게 마음의 찌꺼기를 태워버리라 말하는 듯하다. 그저 타오르는 불길만 바라보았을 뿐인데, 어머니 품처럼 안락하고 잔잔한 호수에 있는 느낌을 그 무엇에 비할 수 있을까. 그러나 불의 유익한 이면에는 흉측한 면도 있다. 방화범은 불을 질러 자신의 고조된 긴장이 해소되고 아울러 짜릿한 쾌감을 경험함으로써 자꾸 불을 지르고 싶은 충동을 느낀다고 한다. 뭐든지 지나치면 모자람만 못하다는 말이 그 뒤를 따른다.

불을 태우는 것은 새로운 생명을 불어넣는 순환이다. 검불에 붙은 불이 장작에 타오르고 벌겋게 익어 숯이 되어 다시 재로 변하여 어린나무의 거름으로 돌아간다. 불이 누구에게는 따뜻한 안정을 주고 또 다른 누군가에게는 음식을 만들어 주듯이, 사람의 인생과 별반 다르지 않다. 최근까지 우리 사회는 성취를 위한 의식에 함몰되었다. 목표를 세우고 쉼 없이 달려가는 것만이 생존이며 행복이라 여겼던 성장주도 의식이 자리하고 있었다. 레밍처럼 줄지어 몰려가는 집단적 고정화된 문제를 인식하고부터는 그 틀에서 벗어나 자기 주도의 삶을 통한 행복을 추구하게 되었다.

한때 시간이 곧 돈이라는 관용어가 경쟁사회를 대변했다. 게으름과 여유가 혼재된 생활에서 바쁘게 사는 것이 미덕이었고, 그 사람의 능력은 부과된 업무의 양에 따라 가늠되었다. 이는 부뚜막 같은 따뜻함이 아니라 앞만 보고 달려가는 자전거와 같았다. 불멍에서 보내는 시간은 날 선 긴장과 촘촘한 삶 속에서 느껴지는 숨구멍 같은 작은 여유이다. 빠른 속도와 극한의 주행 기술인 자동차 경기를 보더라도 '피트스톱(Pit Stop)' 이라 하여, 경기 중에 자동차의 타이어 교체, 연료 보충, 차체 정비를 통해 경주 성능을 최대한 유지하듯이 자신이 무엇을 원하는지 살피지 못한다면 결국 제풀에 지쳐 주저앉고 말 것이다. 최소한의 내 안의 목소리에 귀 기울일 줄 알아야 한다.

불멍이 아니어도 저마다 선호하는 멍때리기는 있을 것이다. 흐르는 물을 물끄러미 보는 물멍에 소나무 숲에 이는 소리를 귀담

아듣는 바람멍도 있다. 어디 그뿐이랴, 구름에 달 가듯이 가는 하늘을 바라보는 하늘멍, 너울거리는 파도에 몰입하는 바다멍, 꽃향기에 취해보는 꽃멍, 주위를 둘러보면 내 한 몸 맡길 멍은 쌔고 쌨다. 현실을 잠시 벗어나는 게 낯섦에 대한 두려움인지, '조금만 더' 라는 욕구로 인한 미련인지, 나를 돌아보지 못한 어리석은 생각에 멍석을 깔아주면 좋겠다. 이제는 멍이 필요한 세상이다. 남이 행복해야 내가 행복한 게 아니라 내가 행복하면 더불어 행복할 수 있다는 의식의 변화이다. 삶이란 지나가면 돌이킬 수 없는 시간과 같다.

경제적 자유는 마음의 자유

언제부터인가 사람들 사이에서 '경제적 자유'라는 단어가 자주 입에 오르내린다. 경제적 자유란 개인이 경제생활에서 자신의 의지대로 행동할 수 있는 자유를 말하지만 쉽게 이루기 어려운 일이다. 보통 사람에게 있어 돈은 많으면 많을수록 좋고 없으면 없는 만큼 힘든 게 현실이다. 경제적 자유를 누리고 싶은 대상을 가리켜 파이어(Financial Independence Retire Early)족이라고 일컫는데 경제자립을 토대로 자발적 조기 은퇴를 원하는 사람들이다. 경제적 자유를 누리고픈 사람은 파이어족뿐만 아니라 오늘을 살아가는 모두에게 폭넓게 적용되며, 특히 재정적 여건으로 불안한 노후를 걱정하는 퇴직자들에게는 의미가 크다.

사람들이 경제적 자유를 찾는 이유는 무엇일까. 나는 자신의 가치가 경제적 제약으로부터 해방되고자 하는 열망에서 비롯된다고 생각한다. 사람에게 있어 소중한 것은 자기가 하고 싶은 일을 하며, 사랑하는 이들과 함께 행복하게 사는 것이라 믿기 때문이다. 경제적 자유가 절실한 사람 중에는 이미 퇴직했거나 퇴직을 앞둔 중년층이 비교적 많은 편이다. 이들과 얘기를 나누다 보면 십중팔구는 안정된 노후에 대한 재정적 고민이다. 사람마다 인생 계획이나 설계에 따라 재정 규모가 천차만별이다. 그런 상황을 들여다보면 경제적 자유가 돈으로부터 구속받지 않을 정도로 부자인지, 아니면 돈의 굴레에서 벗어나 초연해지는 정도인지, 그 지점이 애매해진다.

부자는 재산이 많은 사람을 말한다. 한때 '부자 되세요.' 라는 덕담이 온 나라에 유행하며 모두가 부자 되기를 소원했다. 지나친 과욕이 화를 불러오기도 하지만 재산이 곧 권력이 되는 자본주의 사회에서 부자가 되고 싶은 마음은 탐욕이 아니라 자연스러운 욕구이며, 자기 발전의 동기부여가 된다. 우리가 생각하는 부자는, 과연 돈이 얼마나 있어야 할까. 절대적인 기준으로 부자는 금융자산이 10억 원 이상을 보유한 사람이라고 하는데, 일반 국민의 정서에 따르면, 우리나라에서 부자의 기준은 평균 25억 정도라고 한다. 하지만 부자들이 생각하는 부자는 자산규모가 평균 109억 원이라고 한다.

보통 피부로 느끼는 부자는 상대적 기준이다. 우리에게 실질적인 부자란 자산규모를 절대 기준으로 나누기보다는 그 사회의 구성원들에 비해 더 많은 재산을 가진 사람이다. 건물을 몇 채나 소유하고 있는지, 주식과 채권 등의 유동자산을 얼마나 보유하고 있는지 말하지 않는 한 부자인 줄 모른다. 하지만 씀씀이를 보고 짐작한다. 그 사람이 사는 집의 규모, 보유 차량, 명품의 종류나 브랜드를 보고서야 부자라고 인식한다. 그래서 고급 주택에 거주하거나 롤렉스 같은 명품 시계를 차고 있다면 부자일 확률이 높다. 그리고 상속받은 유산으로 평생 돈 걱정하지 않고 사는 불로소득의 부자도 있다.

이 같은 부자는 경제적 자유와는 거리가 먼 사람들이다. 부자는 이미 경제자립을 이룬 사람이니 경제적 자유를 원하는 사람이 아니다. 경제적 자유는 사치하거나 소비하기 위해 부富를 바라는 개념이 아니다. 진정한 경제적 자유를 원하는 부류인 파이어족의 정의에 이런 내용이 있다. '파이어족의 상당수가 이른 은퇴보다 재정적 자립에 중점을 둔다. 불필요한 소비에서 벗어나 중요한 것에 집중한다는 가치 전환이 핵심이다. 은퇴 후에도 경제적으로 여유로운 생활을 하기보다는 절약하며 안정적인 삶을 사는 것을 중요하게 여긴다. 돈에 얽매이지 않고 일을 선택할 수 있는 자유를 추구하는 것이다.'

어떤 사람은 경제적 자유에서 남들과 비교하지 않는 자세가 중요하다고 한다. 그 말에 수긍하는 것은, 사람이 부적절한 소비를 하는 데는 남들과의 비교가 큰 몫을 차지하고, 그로 인해 후회하기 때문이다. 내게 이익이 되는 방향으로 가기 위해 다른 사람을 참고하는 것은 좋으나 의미 없는 비교는 불행을 부르는 원인이 된다. 그래서 많은 돈을 바라지 않고 소박하게 살면, 남들의 소비에 신경 쓰느라 마음이 어지러울 일은 없을 것이다. 조금 저렴한 시장에서 채소를 사고, 여유가 생기면 기쁜 마음으로 분수에 맞는 물건을 사는, 자신이 스스로 절약하는 자세에서 행복을 느끼는 것도 적지 않은 즐거움이다.

보통 사람은 경제적 자유를 얻기 위해 투자에 관심을 가진다. 그 관심은 삶의 질적 가치보다 양적 규모에 집착하여 건전한 투자보다 투기 같은 유혹에 매몰되기도 한다. 실제 사람들은 경제적 자유에 대한 이해를 자신이 처한 현실처럼 힘든 일을 하지 않기 위해 파이프라인을 구축하여, 그 수익으로 여유를 가지고, 원하는 삶을 살아가는 모습으로 생각한다. 그래서 자신이 추구하는 삶의 가치에 대해서는 깊이 성찰하지 않고, 마음만 앞세워 투자가 아닌 투기를 하고 심지어 대출 등으로 지나치게 몰두한 끝에 낭패를 본다. 따라서 경제적 자유에 대한 올바른 인식을 세우고 남들과 허투루 비교하지 말아야 한다.

돈에 얽매이지 않는 자유, 이 말이 나의 현실에 와닿는다. 그리고 평소 불필요한 소비를 줄임으로써 내실을 갖는 것이 경제활동을 통해 얻는 방법보다 더 현실적이다. 이는 퇴직 이후 재취업이 어려운 중년층이 공감하는 말이기도 하다. 경제적 자유라고 해서 내가 원하는 건 무엇이든 얻을 수 있는 자유는 아니다. 다시 말해 그것은 진정한 자유가 아니다. 내가 원하는 것을 모두 얻을 수 있다는 유혹에서 벗어나거나 거부할 수 있는 마음가짐이 곧 자유다. 그렇다면 우리가 앞으로 나아가야 할 이정표의 방향은 제대로 정해졌다. 처음 경제적 자유라는 말을 들었을 때 나는 그 뜻을 마음의 자유로 이해하였다.

사람들은 부자라고 하면 돈을 펑펑 쓸 것이라 짐작한다. 만약 백만장자가 된다면 수백만 원의 돈을 맘껏 쓰고 호사를 누리는 것이라 상상한다. 그래서 고급 차를 몰고, 명품 시계를 차며, 호화 주택에 사는 것에서 부의 의미를 찾는다. 하지만 그런 물질적 만족은 일시적이며, 또 다른 욕망을 부추기는 결핍이 따르기 마련이다.

경제적 자유의 가치는 소비로부터의 해방이며 속박으로부터의 자유이다. 원하는 시간을 쓸 수 있는 자유. 하고 싶은 일을 할 수 있는 자유. 만나고 싶은 사람과 편하게 어울릴 수 있는 자유이다. 그런 경제적 자유를 가지고 싶은 중요한 이유가, 바로 마음의 안식처로 가는 담백한 디딤돌이기 때문이다.

삶의 수레바퀴

리어카 수레바퀴가 아침햇살을 끌고 있었다. 폐지를 가득 실은 리어카를 할머니가 앞에서 끌고 할아버지는 뒤에서 밀며 차들이 달리는 도로변에서 위태롭게 가고 있었다. 은빛 노을처럼 편히 쉬어야 할 노년의 삶이 고단한 이른 아침을 여는 것은, 부양자가 없어져 가는 가족구성의 변화와 사각지대에 놓인 복지가 폐지의 무게에 짓눌린 수레바퀴보다 더 무거워 보였다. 사람의 일이란 한 치 앞을 예측할 수 없기에 누구라도 수레를 끌 수 있으므로 노부부를 바라보는 마음이 편치 않았다. 어쩌면 우리네 인생에는 리어카와 같이 자기의 삶을 굴리는 수레바퀴가 있는 것 같다.

수레바퀴는 수레가 굴러가도록 밑에 댄 바퀴이다. 내가 삶을 수레바퀴에 비유하며 곱씹어 생각할수록 아둔한 머리가 복잡해지고 과부하까지 걸려 후회스럽다. 그럴 수밖에 없는 게 작은 자전거 바퀴일망정 인생이란 관념이 더해지면 그 의미를 감당하기 어렵고, 철학적 중력 앞에 부족한 나를 발견하기 때문이다. 그 주제넘은 난제를 머리에 담고 지내다 보니 문득 지난날 운문사에서 보았던 수레바퀴와 닮은 법륜이 떠올랐다. 삶의 수레바퀴를 해석하는 데 불교적 접근만이 유일하지 않겠지만 어쩌랴, 보고 아는 게 그것밖에 없다고 능쳐본다.

운문사는 법륜을 천년만년 전하려고 돌에 새겼다. 법륜에는 불교의 올바른 생활 실천 윤리인 팔정도八正道가 부챗살처럼 펼쳐져 있다. 팔정도의 구성은 정견正見, 정사유正思惟, 정어正語, 정업正業, 정명正命, 정정도正精道, 정념正念, 정정正定이다. 왜 수레바퀴와 같은 법륜이냐면, 불법이 바위를 깨부수는 고대의 전차처럼 중생의 번뇌와 죄업을 소멸하여 삿된 마음을 물리치고, 멈춤이 없이 굴러 어느 한 곳, 어느 한 사람에게만 머물지 않고 끊임없이 세상에 골고루 퍼져, 둥근 바퀴가 모나지 않는 것처럼 어느 편에 치우치지 않고 원만하기 때문이라고 한다. 이처럼 종교적 가르침을 소화하기 버거울 때는 미미하지만 우리네 소소한 삶에서 재해석의 길을 찾기도 한다.

삶의 수레바퀴에는 사람의 운명에 영향을 미치는 다양한 요소가 존재한다. 선천적 유전자와 후천적인 환경의 영향으로 어릴 때는 가족, 건강, 친구, 꿈 등이었다가 어른이 되면 교육, 사회적 지명도, 여가, 봉사, 여행 등이 추가된다. 그 요소들이 수레바퀴의 축과 바큇살 그리고 테두리를 형성한다. 그중에 꿈은 축이 되고 건강은 테두리가 되며 나머지는 바큇살이 되어 자기가 지향하는 삶의 방향으로 나아간다. 수레가 제대로 굴러가기 위해서는 어느 한쪽으로 치우치지 않고 독립적이면서도 균형과 조화가 이루어져야 한다. 따라서 삶의 수레바퀴는 균형 잡힌 생활이어야 하며 열정과 투자를 쏟아야 한다.

꿈은 수레바퀴 축에 해당하는 중요한 요소이다. 우리는 꿈을 가졌기에 고난이 닥치더라도 잠시 뒤로 밀렸다가 다시 앞으로 나아간다. 그러한 꿈에서 이탈하게 되면 숱한 갈등과 그로 인해 빚어지는 고통을 겪게 된다. 사람은 자신이 처한 환경에 의해 꿈이 좌절될 수 있어도 스스로 포기하는 일은 별로 없을 것이다. 꿈을 꾼다는 것은 보통 타고난 자질로부터 영향을 많이 받는다. 자기가 좋아하고 잘할 수 있는 분야의 꿈이라면 그 실현성은 높아지기 마련이다.

타고난 자질을 생각하니 돌아가신 아버지가 떠오른다. 나는 남에게 내세울 자질이 없어 평범하지만, 아버지는 재능이 많으셨다. 막힘이 없는 언변에 기억력이 좋으셨고, 글씨가 뛰어나 외할머니는 종종 나에게 아버지의 글재주가 아깝다고 말씀하셨다. 특히 눈썰미와 손재주가 남달라 뭘 만들거나 수리할 일이 있으면 웬만한 것은 혼자서 뚝딱 해치우셨다. 아버지의 꿈이 정확히 무엇인지는 알지 못했다. 다만 손재주가 탁월하고 당신도 좋아하셔서 '건축계통이 아니었을까.' 생각한다. 아버지는 그런 재능에도 불구하고 6.25 전쟁으로 뒷바라지를 해줄 할아버지가 돌아가시는 바람에 꿈을 접으신 것 같았다.

그런 아버지는 한 번도 당신의 꿈을 얘기한 적이 없었다. 한창 꿈꿀 소년 시절에 전쟁으로 풍비박산이 난 집안에 대한 가슴 시린 아픔을 들추고 싶지 않았을 것이다. 나 역시 좌절된 꿈이 있었으나 아버지와는 다른 환경 덕분에 새로운 꿈을 갖고 또 다른 삶의 수레바퀴를 굴릴 수 있었다. 멈추면 넘어질 수밖에 없는 운명을 지닌 자전거처럼 꿈은 살아 숨 쉬는 존재라고 인식하였기 때문이다. 아버지는 애살스러운 아들의 뒷바라지에 남들만큼 못해준 미안한 한편으로 대견해하셨다. 아마도 아버지의 가슴에는 당신의 좌절된 꿈 때문에 생긴 돌덩이에 아들에게 갖는 미안함이 더해져 이층 돌탑이 만들어졌으리라.

어쩌다 다양한 세상살이를 한 사람과 만나 얘기를 나누면 즐겁다. 그런 사람은 대체로 꿈이 많아 자신이 하고 싶은 것을 하고 살았던 사람으로, 세상살이 이야기를 들으면 소재가 풍부하고 재미도 있다. 그 사람의 인생에는 그 사람만의 수레바퀴가 지나온 삶의 궤적이 발자국처럼 놓여 있다. 그리고 수레에 실려 있는 내용물도 엿보인다. 우리는 세상에 올 때 빈손으로 와서 각자 꿈꾸는 방향으로 살면서 자기의 수확물을 수레에 싣는다. 수확물은 좋은 것이든 나쁜 것이든 모두가 포함된 다양한 경험일 것이다. 수확물이 무엇이든 간에 한 사람의 경험은 세월을 실은 서사물이다.

세월 따라 사람이 늙어가듯이 수레바퀴도 함께 낡아간다. 수레바퀴 축에 해당하는 꿈도 중요하지만 삶을 끌고 가는 바퀴가 튼실해야 오래 그리고 멀리 갈 수 있다. 우리는 신체적인 건강 못지않게 마음의 건강도 잘 챙겨야 한다. 마음은 몸의 근육처럼 단련하고 키워야 세상살이 흔들림에 굴하지 않는 긍정적인 사고와 각오를 다질 수 있다. 나아가 가치 있는 삶을 구현함으로써 나의 사소한 일이 나만을 위함이 아닌, 누군가에게 도움이 되는 보람찬 일이 될 수 있다. 리어카를 끄는 노부부의 아침을 보면서 나는 과연 어떤 의미 있는 삶의 수레바퀴를 끌어가고 있는지 돌아보게 된다.

식구食口

보통 한 집에서 같이 생활하는 가족을 식구食口라고 한다. 조금 더 구체적으로 말하자면 같이 살며 함께 밥을 먹는 사람들이다. 늘 먹는 밥이 무에 그리 대수냐고 묻는다면, 밥이란 삶을 영위하는 의식주衣食住의 하나로, 함께 밥을 먹는 사이는 삶이 서로 결속된 관계라고 할 수 있다. 이러한 결속은 원시시대 수렵과 채집에서 얻은 수확물을 씨족끼리 공유하고 나누는 의식이 그 바탕이다. 그래서 낯선 사람과 인사를 나누고 헤어질 때 '다음에 만나면 시간 내서 밥 한번 먹자.' 라고 건네는 말은 단순한 인사치레를 넘어 만나서 반갑고 앞으로 더욱 친해 보자는 속마음이 깔려 있다.

끼니를 함께 하는 일은 공간과 시간 그리고 음식을 공유한다. 살기 위해 먹든 먹기 위해 살든, 함께 먹는 일은 곧 함께 사는 일이 아니겠는가. 나와 함께 하는 그 시간에서 사랑과 신뢰가 싹트는, 각별하고도 자연스러운 감정이 쌓이는 경험이다. 이러한 경험은 먹고 사는 것과 '함께' 라는 관계에 스며 있는 정서를 다시 곱씹게 된다. 사람은 행복을 느낄 때 갑자기 찾아온 행운보다 심리적 안정에 더욱더 의지한다. 안정적이면서도 신뢰할 수 있는 유대는 우리에게 잠재하고 있는 불안과 두려움을 덜어준다. 함께 밥을 먹는다는 것은 홀로이고 싶지 않은 심리가 존재하고 있을지도 모를 일이다.

어린 시절에는 온 가족이 둘러앉아 삼시세끼를 함께 먹었다. 우리 식구들은 어머니 덕분으로 옹기종기 모여 따뜻한 밥을 먹을 수 있었다. 집안 형편으로 변변찮은 밥상이었지만 주고받은 정만큼은 푸짐했었다. 땟거리가 넉넉하지 않던 그 시절의 밥상머리는 서로의 안부를 챙기는 소통이었으며 가정교육이었다. 어른이 수저를 들고난 뒤에 자식이 들게 하는 예의범절, 깨작거리거나 깨끗이 먹지 않으면 영양과 건강을 염려하여 '복이 달아난다.' 라고 했고, 한 톨의 밥알이라도 남겨두거나 흘리면 혼내기 일쑤였던 것은 농부의 땀방울을 소중히 여기라는 가르침이었다. 그처럼 가족이 모여 먹는 밥은 한 끼 식사 이상의 의미였다.

가족과 식구는 같으면서도 구성과 조합이 조금 다르다. 가족은 혈연 공동체이고 식구는 한집에 살며 끼니를 나누는 가까운 사람들이지만 식구는 한집이라는 공간을 넘어 포괄적 의미이다. 사람에 따라서는 혈연관계인 가족보다 끼니를 함께 하는 사람이 때론 가족보다 가까울 수 있다. 요즘 가족 구성은 핵가족에서 일인 가족으로 변화하는 추세라 함께 모여 식사하는 경우가 많지 않다.

아침은 대부분 건너뛰고 점심은 회사와 학교에서, 저녁은 약속이나 야근이면 밖에서 각자 끼니를 때우기 일쑤다. 그처럼 어느 날부터 가족과의 삼시세끼를 함께 하는 것이 먼 옛날얘기가 되어버렸다.

노총각 후배의 끼니는 혼자 먹는 '혼밥' 이다. 후배는 사업하느라 바쁘기도 하지만 결혼에 대한 계획이 없어 부모와 함께 산다. 바쁘다 보니 대부분의 끼니는 바깥에서 해결하느라 정작 가족들과의 식사는 드물다. 후배는 자기 가족들과 식사하는 날이 얼마나 되는지 계산해 보았다고 한다. 평일은 아침 회의 후 먹는 조찬, 점심은 회사 구내식당, 저녁은 거래처와 모임에서 주말도 골프 등으로 여가 모임에서 먹는다. 집에서는 일주일에 한두 끼만 먹으니 한 달에 여섯 번 안쪽이라고 한다. 가족과 밥 먹는 횟수가 바깥보다 적어 식구는 가족이 아닌 바깥사람들이 되어 버렸다. 사람의 친밀도는 가까운 사람과 밥을 먹게 되고, 자주 먹을수록 돈독해진단다. 자연스레 바깥사람과의 만남은 더욱 깊어지고 가족은 그렇게 조금씩 멀어져 간다.

한때 고단한 객지 생활로 지칠 때면 이런 상상을 하곤 했었다. 볕이 잘 들고 시원한 물이 흐르는 깊은 산골짜기를 마음에 그렸다. 허름하지만 아담한 오두막에 아이들이 옹기종기 앉아 웃음꽃을 피우고 있다. 한 끼 식사를 위해 남편은 아궁이에 불을 지피고 아내는 뒤뜰에서 캐온 나물을 다듬어 뜨거운 불에 찌개를 보글보글 올리면 굴뚝에선 구수한 냄새가 피어오른다. 어쩌다 땟거리가 시원찮아 끼니로 삶은 고구마에 김치를 얹어 먹어도 행복한 얼굴들이다. 식구들이 모여 사소한 이야기를 나누고 한 끼 식사로 정을 더해가는 모습을 상상하면 저절로 미소가 흘러나오던 이유는 무엇일까. 한 식구가 소박한 삶에서도 오순도순 웃으며 사랑을 나누는 풍경이 진정한 행복이라 생각했기 때문이다.

문득 잘 먹는 밥이 곧 행복한 삶이라는 생각이 든다. 꼭꼭 씹어 먹은 밥이 체하지 않고 보약이 된다는 말은, 음식이 보약이라는 약식동원藥食同源을 떠올리게 한다. 비단 음식에만 한정되는 말이 아니다. 삶이 가진 모든 희로애락喜怒哀樂의 다채로운 순간을 대하는 삶의 지혜가 그러하다. 우리는 즐거움에 웃고 슬픈 이별이나 아픔에 울며 서로의 이야기에 귀 기울여 공감한다. 아름다운 것에 감탄하고 추악한 사건에 이맛살을 찌푸리기도 한다. 빈자의 찌그러진 그릇에 수프를 담아주며 미소 짓는 봉사자의 얼굴은 배고픈 허기보다 더 따뜻한 정이다. 그처럼 사랑을 나눔에 있어 사람을 가리지 않는 실천은 보편적 가치이다.

예전에는 지난 주말 동안 뭘 했나 돌아보면 허탈할 때가 있었다. 그 이유는 대부분 시간을 아무것도 하지 않고 먹고 자며 낭비했기 때문이라고 자책했다. 그러나 먹고 자는 것이 나를 위해 필요한 충전이라 깨달았다. 저녁밥을 먹고 공원 벤치에 앉아 밤하늘을 바라보며 별빛 따라 머문 눈에 영롱한 은하수가 들어오는 건 충분한 휴식이 주는 여유이다. 그리고 바람 부는 흙바닥을 맨발로 걸어가듯 경쟁하는 세상에서 마주친 사람들과 밝은 얼굴로 대할 수 있는 것 또한 잘 먹고 잘 잔 덕분이다. 하지만 밥은 혼자보다 식구들과 어울려 함께 먹어야 제맛이고, 그게 사람 사는 재미이다.

돌아가신 어머니께서 '식구란 모름지기 뭐든지 함께 나눠 먹어야 한다.' 라고 말씀하셨다. 비록 가난한 집안이라도 식구들이 콩 한 조각을 나눠 먹으면, 그 집안 뒤주에 쌀이 쌓이듯 복이 온다고 하셨다. 어머니는 배움이 적어 인문학적 소양을 가지진 못하셨지만 당신 부모님으로부터 배우고 체득하셨던 삶의 가치를 그렇게 풀어서 말씀하신 밥상머리 교육이었다. 당신 자식들이 살림살이가 곤궁하고 사는 게 때론 벅차더라도 도란도란 우애 있게 살라는 뜻이 아니겠는가 생각한다. 그런 의미에서 밥 먹을 때 함께 먹고 정이 쌓이는 관계가 진정한 식구이다.

이팝나무 꽃그늘
김춘득 수필집

3

은행나무 아래에서

은행나무 아래에서

은행나무는 가을 끝자락에서 늘 눈에 밟히는 나무다. 은행잎이 물들면 가을에 들어섰다는 신호이고 열매가 떨어지면 가을의 중턱이고 노란 잎이 떨어지면 가을의 끝자락임을 알 수 있다. 마치 육상계주 선수의 바통처럼 계절은 가을에서 겨울로 이어간다. 그리고 나뭇잎이 한꺼번에 떨어지는 바람에 가로수 길을 청소하는 청소부들은 청소의 수고로움을 덜고 있다. 은행나무 목재는 건축과 공예품 재료로 활용하는 데 있어 나이테가 균일하고 아름다워 좋은 재목으로 쓰이고 있다. 특히 목질이 물러도 회복력이 좋아 바둑판이나 고급 공예품을 만들 때 가치를 인정받는다고 한다.

목공예 취미에 푹 빠져 사는 친구가 있다. 친구는 각고의 노력으로 사업을 잘 일군 덕에 안정된 기업을 운영하며 윤택한 삶을 산다. 이제는 사업보다 삶의 질을 중시하여 목공예에 열중하고 있다. 누구나 경제적으로 부유해지면 자기 관리가 결코 쉬운 일이 아니다. 재물에 집착하여 과욕을 부리다 탈이 나서 건강을 불우한 말년을 보내는 사람을 심심찮게 봤다. 친구처럼 사업에 성공하고도 성장 욕구와 만족 지점에서 외줄 타기처럼 자신을 다스리기란 쉽지 않은 일이다. 친구는 사업 때문에 소홀했던 여가를 즐기고 있는데 그중에서 목공예에 각별한 애정을 쏟으며 이번 전시회까지 두 번째 개최이다.

친구의 작품은 생활용품 위주의 사실주의 성격이다. 목공예는 재료의 보존성으로 인해 추상적인 작품을 만들기가 어렵다고 한다. 전시된 작품마다 완성도, 미적 감각 등을 살펴보다가 목공예의 소재에 따라 그 품격이 다르다고 느껴졌다. 친구는 나무의 수종과 몇 년을 묵은 나무를 만나느냐에 따라 작품의 수준이 다르게 표현된다고 한다. 마치 도예가가 흙과 호흡하며 가마의 불빛에 몰입하는 것처럼. 친구의 작품 중에 은행나무로 만든 차상이 나의 관심을 끌었다. 쟁반과 같이 길쭉하고 작은 차상인데 좌우선이 날렵하고 가장자리 끝이 외씨버선처럼 눈에 덜하지도 더하지도 않은 맵시를 가진 찻잔용 받침이었다.

작품들을 보면서 나무를 대하는 작가의 마음을 헤아릴 수 있었다. 작가는 나무를 단순한 재료가 아닌 작품의 한 부분으로 생각하고, 그 성질을 예술로 끌어내기 위해 심혈을 기울인다. 재료인 은행나무를 살피면서 의외로 몰랐던 내용이 많았다. 은행나무는 살아있는 화석 식물이고, 열매가 지닌 독성과 딱딱함 때문에 동물이 먹고 소화할 수가 없어 인간에 의해서만 번식이 가능한 UN

지정 멸종위기종 식물이다. 열매가 살구 같은 흰빛이 돈다고 해서 은행銀杏이라 불리며, 영문으로도 은빛 살구인 Silver apricot이다. 또 손자 대에서 열매를 얻을 수 있어 공손수, 잎의 모양이 오리발을 닮아서 압각수라 부른다.

은행나무는 병충해에 강하고 수명이 길다. 일설에 의하면 히로시마에 떨어진 원자폭탄 피폭으로 모든 식물이 고사한 환경에서도 살아남은 나무라고 한다. 우리나라 주요 사찰이나 서원, 고택에 백 년을 훌쩍 넘긴 은행나무가 많았던 이유를 이제야 알 것도 같다. 대표적으로 성균관의 대성전 뜰에 있는 은행나무와 경기도 용문사의 신라 마의태자가 심었다는 동양에서 가장 오래된 1,200살 이상 은행나무가 유명하다. 그처럼 장수하는 나무이기에 의약품으로 이용되는데 열매는 진해, 강장과 뿌리는 허약을 보하며 잎에서 혈액 순환에 도움을 준다. 나도 어릴 때 허약해서 은행나무를 달인 물을 많이 마셨던 기억이 난다.

은행나무 숲길을 걷노라면 내 마음도 익어가는 것 같다. 늘 부족하게 살아도 은행잎을 보면 빈 곳이 채워지는 것 같은 착각마저 든다. 그렇게 물든 가로수가 가을 풍경으로 가득 채워지면 사람들은 지나가는 발걸음을 멈추는가 보다. 은행나무에는 자신이 살아온 생의 궤적이 나이테로 남아있다. 모두가 좋아하는 은행나무는 우리 곁에서 오래 살고 크게 자라기 때문에 혼이 깃드는 것으로 믿고 있다. 조선시대 세시풍속에는 가을에 수확한 은행 열매를 간직했다가 경칩에 남녀가 함께 먹으며 사랑을 확인하는 풍습이 있었다고 하는데 오늘날 발렌타인의 초콜릿과 비슷한 의미인 것 같다.

친구가 은행나무를 고른 데는 작가로서 나무의 정서를 오롯이 표현하고픈 마음일 것이다. 친구가 전시를 마치고 나에게 선물로 차상을 주었다. 작품 한 점 완성하기까지 나무를 켜서 깎고 사포질하며 마신 먼지가 한 되는 된다고 들었는데 그냥 받으려니 손이 부끄러웠다. 친구는 자기 손을 보이며 “내 손길이 작품에 있는 나이테이니 나를 보듯 봐주시게” 한다. 그래도 맘이 편치 않았지만 “물결치듯 둥근 원을 그린 나이테를 자네 보듯 나도 보겠네.” 하고 염치없이 받았다. 나이테가 친구와 나를 묶어주는 새로운 끈이 되었다.

전시회 관람을 마치고 돌아가는 길에 금시당今是堂에 들렀다. 금시당은 조선 명종 때 문신 이광진 선생이 고향 밀양으로 돌아와 강변에 지은 고택이다. 그 당시 선생이 직접 심은 은행나무가 고목이 되어 단아한 금시당과 어울려 사색의 공간으로 오가는 사람의 발길을 머물게 한다. 은행나무 아래에서 친구가 준 차상에 시집 한 권 올려놓고 읽으니, 사람을 그리워하기에 딱 좋은 풍경이다. 그리운 사람을 생각하며 은행나무 그늘에 앉아 이름을 땅바닥에 쓰기도 하고 노란 은행잎 한 잎 두 잎 주워서 시집 책갈피에 넣었다가 선물로 주련다. 오늘 마음을 갈무리하기 위해 졸시 한 편을 써 보았다.

·

금시당 은행나무 아래에서

해마다
가을이 되면 이곳으로 달려온다
금시당 처마에 물든 금빛 은행나무
은행잎 사이로 무엇을 떨치나 보면
빈 가지에 촘촘한 까치집 같은 맘이
정작 나를 보는 것 같다
황금 들녘을 가로질러
은빛 갈대에 덮여 흐르는 강줄기
눈이 부시도록 높고 푸른 하늘을 만나
이 세상이 아닌 듯한 햇살을 담고
가을빛에 곱게 물든 은행나무처럼
내 삶과 함께 그대 인생도
그랬으면 좋겠다

가을에 나누는 편지

오후 햇살이 두터운 것은 가을 문턱을 드나드는 서늘한 바람 때문이리라. 누렇게 여문 빛이 넘실대는 고향 들녘은 추수가 한창일 터이고, 물 걱정 없는 수리답은 벌써 추수를 끝내고 겨울 농사 준비에 여념이 없을 것이다. 가을걷이가 끝난 논에 사람들은 겨울 작물로 마늘을 심는데 보리와 비교하여 손이 많이 간다. 마늘은 축축한 논의 물기를 말린 뒤 비료와 거름으로 땅심을 북돋고 논을 잘게 갈아 두둑과 고랑을 쳐서 종자를 심는다. 그 들녘에 처서가 지나면 노루 꼬리보다 짧은 해거름에 농부들은 농사에 발걸음을 재촉하며 한 사람의 일손도 아쉬워하며 온 식구가 논바닥에 들어붙었다.

가을볕에 그을린 농부들을 볼 때면 아버지의 얼굴이 떠오른다. 아버지는 마흔 살 고갯마루에서 직장을 그만두고 실의에 빠져 평생 해보지 않던 농사를, 그것도 친척 땅을 빌려 소작하셨다. 절망과 오기로 가득 찬 아버지의 마음은 가뭄에 가라진 논바닥처럼 메말라갔고, 세월이 흐를수록 바람에 날리는 거친 흙먼지처럼 당신을 주체할 수 없었다. 그런 아버지의 그늘은 늘 두렵고 말 한마디조차 건네기 어려운 긴장의 울타리였다. 하루라도 빨리 집을 떠나 나만의 공간을 가질 수 있는 유일한 방법은 대학진학이었다. 게다가 대입 시험을 코앞에 두고도 마늘 농사로 지게에 거름을 져 나르는 내 처지는 현실에서 벗어나고자 하는 마음을 더욱 부채질하였다.

점심나절 한가롭던 여유가 노크 소리에 짧게 끝났다. 창밖 은행잎을 보던 시선을 거두어 문을 바라보니 검은 모자에 검은 마스크를 쓴 낯선 사람이 들어와서 놀랐다. 첫눈에 그 사람의 정체를 알아보지 못했지만 이내 아들임을 알아보았다. 연락도 없이 불쑥 찾아와 당황하였지만, 손에 들린 커피와 빵을 보고 찾아온 이유를 대강 짐작할 수 있었다. 아들은 커피와 빵을 테이블에 놓고 편지를 건네며 자기가 간 뒤에 읽어보라며 하는 말끝에 목젖이 젖어있었다. 아들은 감성이 풍부해서 사춘기를 지나도 눈물이 많았다. 돌아가신 어머니는 그런 손자를 보고 '옛날 같으면 장가도 들 나이인데.' 하며 걱정하셨다. 나는 사무실을 나가려는 아들을 붙들어 앉혔다.

사흘 전 아이들이 나의 생일을 깜박하고 지나쳤다. 나는 지금껏 생일을 챙겨본 적이 없어서 대수롭지 않았으나, 며칠이 지나자 왠지 서운하였다. 아들은 작년 생일에 군 복무 중에도 휴가를 나와 축하해 주었으나 올해는 제대하자마자 친구들 만나느라 깜박했던 모양이었다. 사실은 아들보다 딸애에게 섭섭한 마음이 컸다. 서울에 있는 딸애는 맏인데도 잔정이 적고 천성이 무뚝뚝해서 평소 안부 전화도 내가 먼저 하는 편이다. 그런 딸애에 대한 묵은 감정이 덧나 곁에 있는 아들에게 '허구한 날 온종일 싸돌아 다니느냐.' 하면서 역정을 내고 며칠간 데면데면하였다.

나는 인간관계에서 서먹해지면 먼저 손을 내미는 편이다. 그런데 나이를 거꾸로 먹는지 머뭇거리는 사이에 아들이 편지로 다가왔다. 아들은 글재주가 없어서 일기도 쓰지 않는 것으로 아는데, 깨알 같은 글씨로 편지를 빼곡히 적었다. 아빠 직장에 갑자기 찾아와 놀라게 해서 미안하다는 말을 시작으로 생일을 챙기지 못해 죄송하다고 하였다. 이윽고 글을 쓰는 김에 아빠와 소통하고 싶어 편지를 쓰게 되었으며 어릴 때부터 아빠에게 느꼈던 마음을 솔직히 적었다고 하였다. 아들의 관점에서 적은 글이지만 읽으면서 예상 밖의 내용에 '내가 이 정도 밖에 안되었나.' 하는 당혹함에 읽을수록 침묵에 빠져들며 목이 탔다.

두 장의 편지는 20년 동안 아빠에 대해 겪은 아들의 고백이었다. 아들에게 있어 아빠는 존경의 대상이자 엄하고 두려운 존재로 간단한 말조차 건네기 어려웠다고 한다. 그러나 군대 생활을 통해 자기를 되돌아보며 자신감을 가졌고 아빠와 전화도 하게 되었다고 한다. 아빠는 아들이 무엇을 원하고 좋아하는지 궁금하기보다는 학교 성적을 잣대로 꾸짖고 체벌하는 것이 대부분이었다고 한다. 그래서 반항심에 공부한답시고 친구들과 밤늦게까지 어울리며 겉돌았다고 하였다. 그렇지만 때론 아빠의 체벌을 이해하고, 누나로 인해 마음고생하는 모습이 안쓰러웠다는 짠한 마음도 담겨있다. 글 끝에 아빠와 치맥을 하고 싶고 여전히 사랑한단다.

편지를 읽고 나니 손이 떨리고 부끄러웠다. 나는 아들의 성장에서 성취욕만 가득한 기계적이고 정형화된 아버지였다. 사랑으로 자식을 품은 부모가 아니라 학부모로서 모두를 재단하고 내가 이루지 못한 것을 은연중에 강요했던 사람이었다. 그 편지 속에는 아버지의 따뜻한 사랑을 갈망하는 외로운 아이가 있었다. 그 아이는 내 아들이면서 돌이켜보니 예전의 나이기도 했다. 우리 부자가 서로 처한 환경과 상황이 다를 뿐 본질은 같았다. 나는 청소년기를 아버지의 절망을 어깨에 메고 울분으로 보냈고, 아들은 이루지 못한 내 과욕을 짊어지고 있었다. 후배 어머님이 '자식을 훈육할 때는 가슴에 안고 매를 들어라.' 라고 하신 말씀을 이제야 조금은 알 것 같다.

편지를 읽고 할 말을 잊은 채 아들에게 다가가 안았다. 한참을 그렇게 있다가 '먼저 말해줘서 고맙다. 그리고 진심으로 미안하다. 모든 게 아빠의 잘못이니 마음의 짐을 이제는 내려놓으렴.'

하고 말했다. 나보다 덩치도 큰 애가 내 어깨를 흥건히 적셨다. 아들이 가고 난 뒤 편지를 되풀이해서 읽으며 못난 아비의 어리석은 세월을 자책했다. 아들이 글을 잘 쓰지 못할 것이라는 생각은 착각이었다. 필체가 좋지 않은 것만 빼고 자신의 감정을 추스르고 진심을 담아 차분히 조리 있게 잘 적었다. 나도 오늘이 가기 전에 아들에게 글로 지난날 부족했던 아버지로서의 미안함을 전하며 이제라도 여문 가을처럼 함께 가자고 말하련다.

어느 아버지의 결혼식 덕담

가끔 머피의 법칙이 적용될 때가 있다. 그때란 한가로운 일상 중에 갑자기 공사를 불문하고 예상 밖의 일들이 쓰나미처럼 밀려올 때이다. 막상 그런 일이 닥치고 보면 당황스럽고 허둥대기 일쑤다. 엊그제 금요일에도 그랬다. 주말 앞이라 업무가 다른 요일에 비해 비교적 여유로운 편이고 대부분 아침에 몰려있어 돌발 상황이 없는 한 바쁜 일은 거의 없었다. 그날도 예전처럼 아침나절에 회의와 결재를 마치고 점심때쯤 업무 관련 언론 기사를 보는데 한 통의 전화를 시작으로 일이 꼬리에 꼬리를 물었다.

그중에 지인으로부터 글을 적어 달라는 요청이 왔다. 지인의 친구가 자기 아들 결혼식에서 전해줄 덕담을 자기에게 부탁해 왔다고 했다. 지인은 글재주가 없어 고사했으나 간곡한 요청에 못 이겨 궁리 끝에 나에게 연락했노라고 했다. 요즘 결혼식은 주례를 모시지 않고 양가를 대표해서 한 사람이 새내기 부부를 위해 덕담하는 풍경이다. 예전에 없던 일인데 시대가 그렇게 변해 가는 모양이다. 아무튼 나는 시간적 여유가 있을 줄 알고 그러겠다고 선선히 말하곤 예비부부의 인적 사항을 문자로 보내달라고 했다. 그리고 혹시나 해서 언제까지 적어야 하냐고 물었더니 오늘까지라는 낭패한 답이 왔다.

괜히 오지랖을 떨다 일이 어렵게 되었다. 오죽 답답했으면 나에게 손을 벌렸을까도 생각했으나 시간이 촉박하여 어려울 것 같았다. 자신이 없어서 다른 사람을 빨리 찾아보라고 말했더니 부탁할 사람이 없다며 되려 채근하였다. 이미 엎지른 물이라 적어보기로 했다. 점심에 끼니까지 거르고 인근 공원을 산책하며 아버지가 전할 덕담이 무엇일까 떠올려 보니 나 또한 걱정 많은 부모로, 할 말이 차고 넘칠 것 같았다. 하지만 말이 많으면 말의 가치가 떨어지니 삶의 중심이 되는 주제를 고민한 끝에 "소통"으로 정하고 그 가치를 얼기설기한 수준이지만 내 자식에게 전하는 마음으로 썼다.

안녕하십니까.
신랑 ○○○군의 아버지 ○○○입니다.
신랑 신부의 앞날을 축하해 주기 위해 추운 날씨에도 불구하고 어려운 걸음을 해 주신 하객 여러분께 진심으로 감사를 드립니다.

오늘 이 자리에 막상 서보니 제가 결혼했던 순간보다 더 떨리는 것은, 아마도 아들 부부의 행복을 기원하는 마음으로만 지켜봐야 하는 처지라 그런 것 같습니다. 이런 제 마음은 저뿐만 아니라 여기에 있는 제 아내나 신부 부모님인 사돈들도 같은 마음이라 생각합니다.

부족하나마 아버지로서 그리고 인생 선배로서 새롭게 출발하는 새내기 부부가 행복한 가정을 이루고 이끌어 가는데 중심이 되는 삶의 가치를 주제로 한마디 하고자 합니다.

독일 철학자 니체는 '결혼 생활은 긴 대화이다.'라고 말했습니다.

평범한 시민으로 살아온 제가 생각해 봐도 그 말은 가정이란 둥지를 트는 아들 부부에게 어울리는 격언이라 생각합니다. 우리가 인생을 살면서 맺어지는 인간관계로는 보통 가족 친지, 친구, 직장 동료 등이 있습니다.

저는 삶을 돌이켜보건대 그런 관계에서 제일 중요한 것이 "소통"이라고 생각합니다. 우리는 흔히 소통을 제일 중요하다고 말을 많이 합니다. 그런데도 어떤 갈등이 생기면 "원만하게 소통하지 못해서 그렇다."라고들 하지요.

저는 이런 갈등이 발생하는 원인을, 소통의 단어만 알고 소통의 진정한 의미를 이해하지 못해서 생겨난 결과라고 생각합니다. 자기가 하고 싶은 말만 해놓고 소통이라고 하면 그것이 과연 소통일까요?

저는 아니라고 봅니다. 그것은 그 사람만의 일방적 통행일 뿐입니다. 상대의 말을 존중해서 들을 줄 알아야 진정한 소통입니다. 그리고 상대의 말을 머리로 이해하려는 것보다 가슴으로 다가가도록 노력해야 합니다. 왜냐하면 머리로 이해하면 동정이 되고 가슴으로 느끼게 되면 공감이기 때문입니다. 그래서 진정한 소통은 배려와 사랑이 담긴 공감이어야 합니다.

제가 아는 시인으로부터 이런 말을 들은 적이 있습니다.

"존중이란 상대의 말을 잘 들어 주는 것에서부터 시작한다."

라고 합니다.

아들 부부가 지금까지 서로를 아끼며 사랑해 왔던 것처럼 상대방의 얘기를 잘 들으려고 노력하리라 믿습니다. 그리고 제 부족한 얘기가 아들 부부의 인생에 이팝나무의 씨앗이 되었으면 좋겠습니다. 제가 많고 많은 나무 중에 이팝나무를 정한 이유는, 꽃말이 '영원한 사랑' 이며 '쌀밥을 이밥' 이라 부르는 식물이기 때문입니다. 아들 부부가 이팝나무처럼 변치 않는 사랑을 나누고, 경제적 자유를 얻어 삶이 윤택하고 풍요롭기를 바랍니다.

그래서 그 씨앗이 울창한 나무가 되었을 때 넉넉한 이팝나무 꽃그늘 아래에서 자기들의 아이들과 함께 오순도순 행복하게 살고, 먼 훗날 오늘 같은 자리에서 아들이 자기의 자식인 제 손주에게 또 다른 인생의 의미를 나누는 시간을 가지기를 기원합니다.

마지막으로 두 사람을 축하하기 위해 귀한 걸음을 해 주신 하객 여러분의 가정에 항상 행운과 건강이 함께하길 기원하며 오늘 이 자리에 함께 빛내 주셔서 다시 한번 감사드립니다.

제대로 적었는지 교정하면서 천천히 읽어보았다. 정작 내가 나에게 하고픈 말이었다. 나이가 들어가니 세상 말로 꼰대가 되어간다. 누구나 말하는 것처럼 '나는 꼰대가 아니다.' 라고 부정해도 언뜻언뜻 전형적인 꼰대 양상이 나타나고 있었다. 상대방의 말을 듣기보다는 내 중심으로 얘기하고 말도 많다. 옛말에 어른이 되면 입은 다물고 지갑은 열라고 했는데 그렇게 흉내를 내다가도 꼰대가 되곤 한다. 그런 내가 잠재의식 속에서 나를 측은하게 느꼈는지 이러한 글을 쓰게 되었나 보다. 묵묵히 다시 글을 읽어보며 나를 돌아본다. 지인에게 글을 보냈더니 고맙다는 인사말이 왔다. 오히려 내가 더 고마웠다.

머리 깎은 품삯으로 얻은 개똥철학

나는 머리카락이 길어지면 갑갑함을 느낀다. 마치 머리카락이 나를 꼼짝달싹하지 못하게 밧줄로 칭칭 감아 묶은 듯하다. 80년대는 장발이 젊음과 자유의 상징이었지만, 오히려 나는 머리를 깎음으로써 홀가분하였고, 짧아진 머릿결에 청량함을 느꼈다. 최근에도 제때 이발을 하지 않으니 불편해서 퇴근길에 집 근처 단골 미용실에 갔다. 미용실은 내가 퇴근해서 도착할 무렵이면 가게를 닫을 시간이라 미안해서 되도록 주말에 가려고 하는데 시간이 나질 않는 경우가 종종 있다. 그래도 마음씨 좋은 주인은 인상 한번 쓰지 않고 웃으며 내 머리를 깎아준다.

아침에 일어나 거울 속에 비친 머리모양이 이상했다. 오른쪽 부분이 왼쪽에 비해 덜 깎여 좌우 균형이 맞지 않았을뿐더러 마무리가 덜되었다. 미용실에서 실수한 것 같은데, 늦게 방문한 미안함에 서둘러 나오느라 살피지 못한 불찰이었다. 아침 출근길에 문을 열지 않은 미용실에 갈 수도 없고, 출근해서 직장 부근 미용실로 가자니 남사스러웠다. 그렇다고 두고만 볼 수 없어서 망설임

끝에 사무실에 있는 전기면도기를 이용하여 내가 직접 다듬어 보기로 했다. 거울을 보며 오른쪽 고르지 않은 머리를 조금씩 손을 보며 왼쪽과 대충 균형을 맞추었다. 그러나 얼기설기하게 손을 봤으니 여전히 불편했다.

그 일을 겪고 나니 10살 때 일이 떠오른다. 그 무렵 나는 매사에 호기심이 많은 맹랑한 아이였다. 어른들 몰래 동네 형들과 왕복 80리 길인 남해대교 준공식을 보러 걸어갔다가 길을 잃어 동네가 발칵 뒤집혔고, 못을 꽂아 날린 화살에 이웃 형이 맞아 절명할 뻔했으며, 불화살을 만들어 쏘아 남의 헛간을 태웠고, 송아지 등에 탔다가 날뛰는 바람에 떨어져 다치는 등 이루 헤아릴 수 없이 어머님께 근심을 안겨드렸다. 하루는 거울을 보다가 호기심에 가위로 머리를 조금씩 자르다 보니 좌우 균형이 맞지 않아 계속 반복해서 깎는 바람에 결국 쥐 파먹은 꼴이 되었다. 나중에 집에 돌아온 어머니에게 혼쭐이 나고서야 이발소에서 머리를 다듬었지만 결국 빡빡머리를 면하지 못했다.

'중이 제 머리를 못 깎는다.' 라는 말이 있다. 이 속담은 자신의 한계를 인식하고 자기의 삶에서 발생하는 문제를 스스로 해결하지 못하는 상황을 말한다. 그러나 이 속담은 자기 약점과 한계를 인정하고, 서로 돕고 살아가는 삶의 조화로운 가치를 품고 있다. 사람은 누구나 영화 '가위손' 의 주인공처럼 자기 머리를 깎을 수 없다. 하지만 그 속담에는 '중' 이라는 주어가 존재하며, 깊은 속뜻은 스님은 왜 자기 머리를 못 깎느냐며 되묻고 있다. 옛날에 스님은 뭇사람들에게 존경의 대상으로, 자기 머리를 스스로 깎을 수 있는 능력자라는 인식이 깔려있었다고 생각한다.

나는 딱히 특출한 능력이 없어 그 속담과는 거리가 멀다. 하지만, 주위를 둘러보면 자질과 능력이 출중해도 그 뜻을 펼치지 못하는 사례를 가끔 본다. 그 대표적인 사례가 교육자의 자녀 교육이다. 나와 친한 K교수는 부부가 S대를 졸업하고 해외에서 박사학위를 취득하였다. 귀국하여서는 대학에서 우수한 제자들을 길러낸 더할 나위 없이 훌륭한 교육자이다. 그러나 그런 그에게도 자녀 교육으로 인한 마음고생이 많았다. 사연이야 분분하지만, 사람들은 그런 K교수 부부를 보며 '하늘은 사람에게 모든 복을 다 주지 않는가 보다.' 또는 '저렇게 유망한 교육자도 자기 자식만큼은 뜻대로 되지 않는가 보다.' 라며 많은 말을 보탰다. 이러한 사례에는 속담처럼 자기 한계라는 영역이 존재한다.

우리는 어떤 면에서든지 한계를 가지고 산다. 그 한계가 약점이기도 하지만 꼭 그것이 우리를 취약하게 만드는 것은 아니며, 서로 도우며 보완할 수 있다. 우리는 서로 돕고 의지하는 인간사회에서 살아가고 있으므로 자신의 약점을 인식하고, 타인의 도움을 받아들이는 자세가 성장과 발전에 도움이 된다. 옛날 양반가의 품앗이 자녀 교육이 K교수에게 적용되었더라면 어땠을까 생각해 본다. 양반가의 품앗이 자녀 교육은 부모가 내 아이를 직접 가르치지 않고 남에게 맡김으로써 아이 스스로 자기 생각과 감정을 표현할 수 있는 인물로 자라나도록 가르치는 방법이었다. 부모는 학부모라는 또 다른 입장이 엄연히 존재한다는 깨달음이 아니었을까 추측한다.

철없던 시절에 그 속담을 들었을 때 이해하지 못했다. 외할머니는 혼자서 긴 머리를 풀어 거울을 보며 동백기름을 발라 곱게 빗으시며 단장을 잘만했었는데, 민머리를 깎는 게 무에 어렵다는 것인지…. 세상 물정에 눈뜨면서 꼭 그렇지만은 않은 것을 알게 되었다. 중이 제 머리를 못 깎는 것은 당연했고, 다른 사람이 머리를 정성스레 꼼꼼히 깎으면 이쁘고 탈이 없는 것이었다. 괜스레 스스로 깎았다가 자칫 실수라도 하게 되면 다칠 게 뻔하기 때문이다. 열 살 때 깎은 머리나 지금에 와서 깎은 머리나 그 머리에 그 머리이니 중이 제 머리를 못 깎는 건 당연하다. 옆에 깎아줄 사람이 있어야 하는 것처럼 자신의 한계를 노출하는 것이 오히려 인간적이다.

따라서 '중이 제 머리를 못 깎는다.'라는 속담이 친근하다. 우리는 모두 서로 다른 경험과 능력을 지녔으나, 그렇다고 해서 다른 사람을 비하하거나 경멸하는 것은 옳지 않다. 서로 돕고 지지해

주는 마음과 자격지심 없이 도움을 받아들이는 자세가 필요하다. 이러한 자세는 남을 존중하고 배려하는 사람으로 거듭나는 데 긍정적 영향을 미친다. 그 결과, 서로 다른 가치관을 가진 이들과 함께 살아가는 사회가 더욱 발전하고 번영하는데 신뢰의 초석이 된다. 이렇게 깨달으니 머리 깎은 품삯으로 얻은 개똥철학이 의미가 있는 것 같다.

고향 망운산을 닮은 시약산

남해 망운산은 고향에서 가장 높은 산으로 높이가 785m이다. 옛 문헌을 살펴보니 산의 이름이 예전에는 '미아산'으로 불렸으나 정상에 봉수가 축조되면서 '망운산'이라 부르게 되었다고 한다. 산이 높아 구름이 걸려 '구름을 바라본다.'라는 뜻의 망운望雲이란 이름이 붙여진 것으로 생각되는데, 실제 고향에 살 때 구름이 걸리는 모습을 자주 보았다. 정상에 오르면 남해에서 가장 높은 산인만큼 사방이 한눈에 들어온다. 북쪽으로는 하동 · 사천을, 동쪽으로는 통영과 거제 일대를, 서쪽으로는 여수를 비롯하여 순천까지 그리고 남쪽으로 넓게 펼쳐진 먼바다와 함께 다도해 해상국립공원을 조망할 수 있다.

내가 고향을 떠나 타향살이를 시작한 곳은 부산의 서대신동이었다. 대신동은 대신공원 계곡을 따라 흐르는 하천을 기준으로 동쪽은 동대신동, 서쪽은 서대신동으로 나뉜다. 대신동 일대를 병풍처럼 감싸고 있는 시약산, 구덕산, 엄광산, 구봉산은 같은 능선에 자리하고 있어 하나의 산처럼 보인다. 일제강점기에 구덕산과 고원견산으로 불리던 것을, 우리 산 이름 찾기 운동에 힘입어 시약산 이름을 되찾으며 구덕산에서 분리되고, 고원견산은 엄광산을 되찾아 구봉산으로 나뉘어 지금에 이르고 있다. 그 산줄기에 오르면 부산을 끼고 있는 바다와 강 그리고 낙동정맥과 낙남정맥을 바라볼 수 있어 도심의 힐링 장소 중 한 곳으로 꼽힌다.

망운산은 남해 금산의 명성에 가려 진가가 숨겨진 곳이다. 굴곡의 리아스식 해안선과 바다에 펼쳐진 점들의 섬은 동해와 서해에서 볼 수 없는 아름다운 풍광을, 남해안에 가장 가깝고 높은 망운산에서 감상할 수 있어 등산객들에게 추천되는 곳이다. 요즘은 패러글라이딩 장소로도 유명하여 한 글라이더는 자신의 블로그에 망운산은 인생에서 지나칠 뻔한 곳이었는데 아름다운 풍광에 반해 눈물을 흘렸다고 했다. 심지어 망운산을 좋아하는 사람들은 망운산이 널리 알려지기를 바라지 않는다고 한다. 드넓은 기상의 산세와 청정한 자연 생태계가 사람들의 발길에 훼손되지 않을까 걱정해서다.

주거지는 다르지만 내 삶의 대부분을 동대신동에서 보냈다. 그곳에서 대학을 다녔고, 졸업 후 직장도 그곳이었기에 나와는 떼려야 뗄 수가 없다. 처음 대신동에 왔을 때는 고등학교 졸업식에 참석하지 못하고 대학교 학비와 생활비를 벌어야 할 처지여서 울적했었다. 부모 형제와 친구들이 보고 싶을 땐 망운산 산세와 비슷한 시약산 자락을 바라보며 고향에 대한 그리움을 달랬다. 그 뒤로 고향 산천을 보는 듯 자주 바라보게 되었고 세월의 흐름을 타고 자연스럽게 정을 붙이는 산이 되었다. 시약산時藥山의 한자 이름을 풀이해 보니 풀이름 시時자에 약 약藥자로 가슴의 그리움도 치유하는 산인 듯하였다.

망운산 관대봉은 정상부 아래에 있는 봉우리다. 산 아래에서 바라보면 관대봉이 우뚝 솟아올라 정상보다 더 위엄스럽다. 관대는 벼슬에 나아간다는 뜻인데 봉우리 모양이 벼슬아치 모자인 사모紗帽를 닮아서 그렇게 붙여졌을 것으로 추측한다. 또 다른 이름으로는 선비들이 쓰던 갓을 닮아 갓봉이라고도 하였다. 그 관대봉이 대신동 뒷산의 시약산 정상부에 있는 봉우리와 무척 닮았다. 일찍이 고향을 떠나 부산에 사셨던 외가 어른들이 대부분 동대신동과 서대신동에 거주하셨다. 그 이유를 듣지는 못했으나 나의 마음과 비슷했으리라 생각한다. 시약산을 바라보면 마치 고향에 있는 듯 마음이 푸근했으니깐.

망운산에 대한 옛글을 고찰하다가 뜻밖에 선조 두 분을 만났다. 한 분은 외가 선조 문정공 정이오선생으로 충장공의 아버지가 되시는데, 재상의 신분으로서 망운산 봉수대 축조 결과를 시찰하였던 기록을 보았다. 망운산 봉수는 우리나라에서 가장 높은 고지대에 위치하는 봉수로 세종 7년(1425년)부터 단종 2년(1454년)까지만 운영하였다. 축조 당시 문정공께서 망운산에 올라 남해를 내려다보며, “지금 바다에는 우수한 수군이 있고, 성곽에는 국경을 지키는 날카로운 망루가 있다. 그리고 주야로 눈을 부릅뜬 봉화가 있어 흉악한 왜적을 막고, 백성을 보호할 수 있는 시설들을 설치하였다."라며 백성의 안위를 살폈다.

또 한 분은 친가의 방계 선조로 조선 4대 명필가 문의공 김구선생이다. 기묘사화로 남해에 유배 중이던 좌승지(현 대통령 수석비서관) 문의공에게 남해 현령(현 군수)이 극심한 가뭄이 닥치게 되자 기우제 글을 부탁했다. 물이 귀한 남해는 저수지를 산 중턱 골짜기에도 만들었으나 항상 부족하였고, 큰 가뭄이 들면 남해의 진산 망운산에서 기우제를 지냈다. 지금도 망운산 봉수대가 있는 정상에는 기우제를 지냈던 흔적과 함께 제단이 남아 있다. 문의공이 지은 기우제문祈雨祭文이 오늘날까지 전해지고 있어 부족한 지식으로 원문을 풀어보았다.

바다 머리를 눌러 높이 솟은 산이여
바다의 기운으로 구름을 지어 비를 내리니
대자연의 기운이 백성들을 살리는도다
때는 마침 농사철인데 한발이 극심하여
산은 타서 붉어지고 물은 끊어 말라가며
쇠는 녹고 은은 타니 백성이 어찌 살겠습니까
비를 내려 만물을 살려냄은 산신만이 할 수 있는데
저처럼 비를 내리지 않으니 어찌 참을 수 있으리오

내 조정의 명을 받고 이 땅을 와 있기에
화한 덕을 베풀어 나의 허물을 면하려고
몸으로써 희생이 된 탕임금을 따르랴마는
적은 정성이나마 받들어서 공경히 올리오니
백성의 소원을 돌보시고 조화를 베풀어
금방이라도 구름을 만들어 소낙비를 내려주시어
마른 벼이삭을 일으키고 마른 삼에 싹을 내어
창생을 구원하여 먹게 하고 옷을 입게 하소서
이곳 백성의 생명을 위해 산신의 은덕을 바라옵니다.

사람에 따라 산이란 존재는 각기 다른 의미로 다가온다. 송나라 문인 소동파는 〈여산진면목〉에서 '여산의 진면목을 알 수 없는 건, 내가 이 산속에 있어서라네. 불식여산진면목不識廬山眞面目 지연신재차산중只緣身在此山中' 라고 말했다. 나는 그와 반대로 두 산의 진면목이 나에게 마음속 안식처로 존재한다. 망운산은 나를 낳아준 정신적 지주이고, 시약산은 나를 성장시켜 준 동력이자 의지처이기 때문이다. 이제 지난날 고학 생활과 고시 공부를 위해 걸었던 새벽 등굣길을 돌아보며, 직장에서의 세월을 뒤로 하지만 또 다른 삶의 희망과 의지를 시약산 봉우리에 심으려 한다. 그곳은 내가 머물고자 하는 둥지이다.

외할머니 행장

사촌 형이 외할머니의 사진을 보내왔다. 어머니가 돌아가신 후로 어머니를 생각할 때마다 외할머니가 그리워서 사진이라도 뵙고 싶어 사촌들에게 전화를 돌렸다. 며칠이 지난 후 진주에 사는 사촌 형이 외할머니 회갑 날 잔치 사진을 핸드폰으로 찍어 보내왔다. 그 사진에는 나는 태어나지 않아 없었지만, 여전히 외할머니는 내 기억 속의 모습 그대로였다. 사진으로나마 외할머니를 뵙게 되니 무상한 세월 속에 더욱 그리워진다.

옛날에는 집안 어른이 돌아가시면 그분의 삶을 반추하는 글을 지었다. 그 글이 갈장碣壯과 행장行狀이다. 갈장은 돌아가신 분의 행적을 묘비에 적는 글이고, 행장은 그 일대기를 문서로 기록하거나 책자로 만드는 글이다. 다만 대갓집이라 하더라도 여자들에 대한 갈장과 행장을 찾아보기 어려운 것은, 가사에 전념하여 뚜렷한 행적이 적어서이다. 그러나 여자의 몸으로 집안을 크게 일으키거나 남의 모범이 되는 경우는 더러 전해지고 있다. 나의 선대를 봐도 양천허씨할머니를 비롯하여 덕수이씨할머니와 해평윤

씨할머니가 계셨다. 그러한 옛날의 예를 따라 나도 나의 삶에 큰 영향을 끼친 외할머니에 대한 행장을 지어본다.

외할머니 본관은 밀양박씨로 아버님이 오늘날 차관인 참판을 지내셨다. 대한제국 광무 8년(1904년) 하동과 남해에 집성촌을 이룬 유력한 참판 가문의 막내 여식으로 태어나 귀하게 자라셨다. 아버님 참판공의 재력이 얼마나 많았는지 최근 증손자가 조상 땅 찾기를 통해 경기도와 충청도에서 상속되지 않은 많은 토지를 찾았을 정도였다. 어릴 때는 부모님의 각별한 사랑을 독차지하여 결혼하기 전까지만 해도 바깥으로 나들이할 때는 집안사람의 보살핌을 받았다. 경신년(1920년) 진주정씨 충장공 후손인 부군 은환공에게 시집을 오셨다.

성품이 반듯하고 어지셨다. 말씀과 행동에 있어 어린 외손자인 내 앞에서조차 가벼이 하지 않았고, 여름철 무더위에도 한 치의 옷매무새도 흐트러짐이 없었다. 그런 외할머니의 분위기는 여느 아이들이 자기 할머니에게 부리는 어리광이 나에겐 낯설고 부러웠다. 전형적인 대갓집 규수였는데 특정 인물과 비교하자면 소설 '토지' 의 주인공인 최참판댁 최서희와 닮았는데, 큰 키에 얼굴이 희고 이지적이어서 학처럼 고고했다.

어릴 적 외할머니는 가끔 나를 데리고 읍내 시장에 가셨다. 집 밖을 나설 때면 동백기름을 머릿결에 발라 참빗으로 곱게 빗어 땋

아서 금비녀를 꽂았고, 비단 한복에 꽃신을 신고 양산에 양장 가방을 드셨다. 외할머니가 워낙 멋쟁이로 익히 알려지기도 했지만, 시장에서 마주치는 사람들치고 외할머니의 단아함에 눈길을 보내지 않은 사람이 없었다. 나는 비록 철부지이었지만 그런 분위기가 은근히 좋아 의기양양 으스대며 더운 여름에도 외할머니의 손을 잡으려 애썼다. 그런 내 마음을 헤아렸던 외할머니는 성가실 법하건만 배시시 웃는 내 손을 놓지 않으셨다.

외할머니는 나에게 아낌없는 사랑을 주셨다. 요즘이야 맞벌이로 외손주도 외할머니 품에서 구김살 없이 잘 자라지만 내 어린 시절에는 흔한 풍경이 아니었다. 그 시절에는 손주라도 친손주와 외손주의 차별이 당연시되던 남성 혈통 중심의 관념화된 사회였다. 그런 사회적 환경에서 내가 외할머니의 남다른 사랑을 받았던 사연은 내가 외가 집성촌에서 태어났고, 어머니가 시력을 잃을 법한 사고를 당해 부산에서 장기간 치료를 받느라 외할머니의 보살핌을 받아야 했던 사정이 있었다. 그 이후로는 유복한 외할머니 삶에 있어 아픈 손가락이었던 내 어머니의 고단한 삶을 안쓰러움이 더해졌다.

내가 대학을 졸업하고 취직해서 첫 월급을 타고 외할머니께 용돈을 드렸다. 3만원을 봉투에 넣어드렸는데 그 돈은 외할머니의 하루치 용돈 밖에 안되는 금액이었다. 외할머니는 내가 드린 용돈을 쓰지 않고 쌈지 주머니에 넣고 다니면서 마을 할머니들을 만날 때마다 자랑하셨는데 모두 어리둥절했다고 한다. 그도 그럴 것이 번듯한 친정이 있어도 외할머니는 내세우지 않으셨고, 출세한 아들과 친손자들 덕분에 남들이 부러워해도 자랑한 적이 없을 정도로 겸손하셨기 때문이다. 돌이켜 생각해 보건대 외손자인 나를 통해 큰딸의 생활 형편이 나아지기를 희망하셨으리라 추측한다.

융통성 없는 사위를 배려하는 마음도 따뜻하셨다. 아버지가 마흔을 넘기면서 무엇 하나 뜻대로 풀리지 않고 실타래처럼 얽히기만 하니 집안 살림이 점점 곤궁해졌다. 더구나 고지식한 아버지는 당신을 안타까워하는 사람들로부터 부유한 처가에 도움을 받으라는 권유를 받기도 하고, 심지어 유망한 처가 친척들의 명성을 팔아 잇속을 챙기라고 꼬드겨도 '사대부 자손'이란 자존감을 내세우며 귀를 기울이지 않았다. 우리 집안의 처지를 누구보다 잘 알고 있던 외할머니는 속이 상하셔도 한 번도 아버지의 자존심에 흠이 되는 신소리는 하지 않으셨고 오히려 어머니에게 아버지를 잘 섬기라고 늘 말씀하셨다. 아버지는 외할머니의 배려에 감읍하여 부족한 살림에 물질적으로는 해 드린 것은 없었지만, 성심을 다해 효도하였다. 외할머니가 돌아가시기 10년 전부터 하루도 빠짐없이 아침저녁으로 외가에 가서 문안을 드리고 건강을 살폈으며, 방바닥이 조금이라도 식으면 군불을 지폈다. 마을 사람들은 그런 장서지간丈壻之間을 웬만한 모자지간母子之間보다 더욱 돈독하다고 하였다.

나눔을 실천하실 때 사람을 차별하지 않으셨다. 내 어린 시절만 해도 거지가 동냥을 오면, 집주인들은 문전박대를 하거나 동냥을 주더라도 문밖에 세워놓고 쪽박에 음식을 얼마간 넣어 돌려보냈다. 그러나 외할머니는 거지를 내치지 않고 집안에 들어오게 하여 우리가 쓰는 식기로 똑같이 밥상을 차려 함께 나누어 먹었다. 난 그럴 때마다 거지의 불결함과 역겨운 냄새에 비위가 상해 투덜대기 일쑤였고 거지가 사용한 밥그릇과 수저를 만지기도 싫었다. 그럴 때면 외할머니는 나에게 '세상에 거지가 되고 싶은 사람이 어디 있더냐, 사람 위에 사람 없고 사람 밑에 사람 없다.' 라고 하시며 엄히 꾸짖었다. 그리고 곤궁한 이웃이 생기면 남모르게 도움을 주어 세월이 흐른 뒤에 소문이 나곤 했었다.

그런 외할머니는 나의 정신적 지주였다. 구한말에 여자로 태어나 비록 배움은 적었지만 지혜로우셨다. 어린 나를 가르치실 때는 사랑을 듬뿍 주셨다. 여름철이면 대청마루에서 무릎베개로 나를 누이고 부채로 '우리 손주 괴롭히는 모기가 밉다.' 하시며 모기를 쫓거나 겨울철 아랫목에 앉혀놓고 손을 비벼주며 질화로에 익은 밤을 까서 입에 넣어주실 때 옛 위인들의 삶을 교육적으로 들려주셨다. 대단한 가르침은 아니었지만 '꿈이 있으면 고난이 닥치더라도 극복할 수 있다.', '사람이 귀한 줄 알아야 존중받는다.', '남을 험담하면 허물이 되어 나에게 돌아온다.', '신뢰는 잃기 쉬워도 얻기는 매우 어렵다.', '사람이 말을 앞세우면 가볍게 보인다.', '가난하더라도 인정을 베풀고 덕을 쌓아라.', '겸손한 사람에겐 적이 없다.' 등 사람의 도리에 대한 생활 철학이었다.

옛말에 뛰어난 학자도 자기 자식은 가르치지 못한다고 했다. 그만큼 자식에 대한 기대가 크고 감정이 들어가면 역효과가 나게 되고 자칫 부모와 자식 간에 감정의 골이 깊어지기 때문이다. 조선시대 당대 최고의 학자들도 자기 아들과 손자 교육은 다른 사람들에게 맡기었다. 반대로 부모만큼 자기 자식을 아는 사람이 없기에 슬기롭게 가르치면 그 어떤 선생보다 훌륭한 스승이 된다. 나의 선대를 회고해 봐도 12대 조부 사계선생이 임금과 백성의 스승으로 추앙받을 수 있었던 바탕에는 할아버지의 무르팍 훈육 영향이 컸던 것으로 알고 있다.

외할머니의 인생은 꽃길처럼 평온했던 것만은 아니었다. 부산에서 직장생활을 하던 둘째 아들이 무릎 치료 과정에서 돌팔이가 처방한 수은으로 인해 병세가 악화되어 목숨을 잃었다. 당시 외할아버지는 당신의 숙부 제사로 총장댁에 오셨다가 병원으로 갔을 때는 이미 아들의 생명이 위태로운 상황이었다. 둘째 아들의 장례를 치른 후, 외할아버지는 며느리와 손주들을 위해 초량에 가게를 마련해주려고 시골의 전답을 팔아 부산으로 가는 도중 통영에서 소매치기당하셨다. 아들을 잃은 슬픔에 억울한 일까지 당하니 분노와 절망감으로 몸져누워 결국 세상을 떠나셨다. 외할머니는 며느리가 경기도에서 장사하게 되자 어린 손주들을 맡아 후레자식이란 말을 듣지 않게 엄하게 키우셨다. 그 과정에서 차마 남에게 말 못할 고초도 겪으셨다. 세월이 흘러 옛날을 회상하실 때마다 부모가 없어 서러웠을 손주들을 따뜻하게 훈육하지 않은 것을 내내 후회하셨다.

세차 신미년(1991년) 10월에 기력이 쇠잔해지시더니 갑자기 정신이 흐릿해지자 떠날 때임을 직감하셨다. 가까이에 사는 어머니를 불러 말씀하시기를 '내가 떠날 때인 것 같다. 사람이 더 살고자 욕심을 부리면 부끄럼이 없어지고 추해진다고 한다. 오늘부터 아무것도 먹지 않고 몸을 깨끗이 해서 떠날 터이니 그리 알고 나를 병원에 데려가거나 그 어떤 것도 하지 마라.' 명하시고는 목욕재계 후 옷을 갈아입고 자리에 드셨다. 그날로부터 물을 비롯한 모든 음식을 끊으셨다. 속이 탄 어머니가 미음을 쑤어 울면서 억지로 입에 넣어드렸으나 뱉어내며 삼키지 않으시더니 끝내 엿새만에 여든여덟의 일기로 눈을 감으셨다.

장례는 죽산동 동매산 외할아버지 묘 옆에 나란히 모셨다. 삼남이녀를 낳으셨는데 장남 종식이 창원감씨를 맞아 사남을 두었고,

차남 종영이 경주이씨를 맞아 이남일녀를 두었는데 그 일녀가 문교부장관을 지낸 남평문씨 가문에 출가했고, 삼남 종삼이 김해김씨를 맞아 일남이녀를 두었다. 장녀는 광산 김영만으로 문원공 사계 김장생선생 후손에게 출가하여 이남이녀를 두었고, 차녀는 경주 김도명으로 경제기획원 부총리를 지낸 김만제가문에 출가하여 이남을 두었다.

나는 아직도 어설프게 살아도 외할머니의 가르침을 잊은 적이 없었다. 여러 면에서 부족한 게 많으니 간혹 유혹에 끌리거나 가끔 피곤하단 핑계로 대충대충 살고 싶을 때가 있었다. 그럴 때마다 외할머니 말씀이 뇌리에 찬바람이 들게 하여 마음을 가다듬을 수 있었다. 외할머니의 그 가르침 덕분에 지금껏 남들에게 손가락질받지 않고 사람대접받으며 살아간다고 여긴다. 그리고 자식을 키우면서 집안 어른의 가르침이 얼마나 중요한지, 어른으로서 교육 효과를 얻기 위해 인내하며 분위기를 조성한다는 게 얼마나 힘들다는 것을 알았다. 외할머니는 여전히 나에게 살아 숨 쉬는 특별한 존재이고, 잔잔하고 절제된 사랑으로 나를 대하시던 그 뭉클한 모습이 가슴 깊이 오롯이 자리하고 있다.

갑진년 오월 외손 동래향교 장의 경제학 박사 광산 김춘득이 짓다.

말을 잘 들으면 지혜를 얻는다

떡은 우리나라의 전통적인 음식으로 오랜 역사를 가졌다. 어릴 때 떡을 좋아해서, 추억이 많다. 가장 먼저 떠오르는 것은 설날이었다. 어머니가 떡쌀을 빻기 위해 방앗간에 가면 졸졸 따라가서 하얀 쌀가루를 보고 침이 돌았고, 그 떡쌀을 백설기로 만들어 설날 아침을 준비했다. 떡국도 맛있지만, 제일 좋아하는 건 팥을 삶아 넣은 송편이나 갖은 재료를 속에 넣은 인절미였다. 무엇보다 가족들과 함께 맛있는 떡을 먹으면서 새해를 맞이하는 즐거움이었다. 반면에 콩고물 묻힌 쑥떡을 많이 먹으면 변비증세를 일으켰던 기억이 난다.

어릴 때부터 '어른 말을 잘 들으면 자다가도 떡이 생긴다.' 라는 속담을 들어왔다. 지금 생각해 봐도 우스운 것이, 철부지 때는 순진해서 그런지 어른 말씀을 잘 들으면 진짜 떡이 생기는 줄 알았다. 그 속담은 우리나라 사람치고 모르는 사람이 없을 정도로 자주 쓰이는 말인데, 말을 잘 들으면 보상으로 돌아온다는 뜻일 것이다. 우선, 말을 잘 듣는 것은, 사람 간의 대화에서 중요한 역할을 한다. 상대방의 이야기를 잘 듣고 이해하는 것은, 대화에 있어 진행과 이해를 돕는다. 또한, 내가 상대방의 이야기를 잘 듣고 공감해 주면, 상대방도 나에게 더욱 친근함을 갖게 되어 서로 좋은 관계를 유지하고 발전한다.

하고 많은 보상물 중에 왜 떡을 선택하였을까? 우리나라 대표 간식의 하나인 떡은, 찹쌀가루와 물, 소금 등의 원료를 이용하여 만든다. 여기에는 떡이 쫀득하고 푹신한 식감으로 입맛을 자극하며, 다양한 모양과 크기로 변화를 가질 수 있는 친근함이 있기 때문이다. 그래서 떡은 보상물로 부담이 덜하고 손이 쉽게 가는 먹거리이기에 직장에서 좋은 일이 있으면 대게 떡을 돌리며 인사를 하고 받는 사람도 부담을 갖지 않는 편이다. 이러한 문화는 지금도 우리네 생활풍습으로 자리하고 있다.

떡이 지닌 함의는 자기 가치가 상승하는 보상일 것이다. 그 보상은 자신의 지식과 경험을 늘리는 기회로써 상대방의 말을 잘 듣고 이해하면 새로운 지식과 정보를 습득할 수 있기 때문이다. 따라서 다른 사람의 경험을 통해 간접적으로 배움의 기회를 가져 생산적이고 효율적이다. 하지만, 말을 잘 듣는 것은 경험상 쉬운 일이 아니다. 때로는 상대방의 이야기가 지루하거나 불필요한 내용이 들어갈 때가 있다. 그러나 이러한 상황에서도 말을 잘 듣는 분위기를 가지는 것은 중요한 의미를 지닌다. 여럿이 모여 떡을 나눠 먹으면서 나누는 대화는 상대방의 의도를 파악하고 유의 적절하게 호응하게 된다.

우리는 특별한 행사나 기념일에 떡을 나누는 문화가 있다. 이 땅에 태어났을 때부터 떡과 인연을 맺는데, 백일을 시작으로 돌잔치와 결혼, 회갑 등등의 잔치에 빠짐없이 올라간다. 그처럼 떡은 우리나라 문화와 역사를 담고 있어서, 먹으면서 느끼는 감정이 더 특별한 것 같다. 예를 들어 설날에는 떡국을 먹는 풍습이다. 이는 가래떡을 썰어 떡국을 만들고, 먹는 사람 모두가 한해를 건강하게 보내기를 기원하기 때문이다. 또한, 명절이나 제사상에 떡을 올리는 의례이다. 이는 조상들이 우리 삶에 영향을 끼친 것에 대한 감사이자 그분들의 말씀을 잘 따르겠다는 의미도 있다.

적극적으로 대화에 참여하는 자세는 말을 잘 듣는 것부터이다. 대화에서 상대방의 말을 잘 듣는 것은 경험을 통해 결코 쉬운 일이 아니라는 것을 알고 있다. 예전 직장 상사 한 분은 늘 자기중심적으로 대화하느라 좀처럼 상대방에게 말할 기회를 주지 않았다. 그분은 탐구력과 많은 독서량으로 지식이 많아, 세상 얘기를 듣다 보면 삶에 도움이 되는 일이 자주 있었다. 그러나 일방통행식 대화에 사람들은 피로감을 느껴 피하게 되니 자신이 쉴 비빌 언덕도 점점 줄어들었다. 그분은 그런 처지에도 불구하고 자신의 태도를 바꾸지 않았고, 퇴직 무렵에는 곁에 남아있는 사람이 없어 쓸쓸한 말년을 보냈다.

말을 잘 듣는 사람은 긍정적인 방향으로 성장한다. 상대방을 존중하고 그들의 의견과 생각을 고려하는 것이기에 서로의 신뢰를 높이는 데도 큰 역할을 한다. 내가 아는 한 선배는 남의 말을 잘 듣기로 유명하여 주변 사람들에게 호감을 많이 받는다. 그러한 소통 자세는 선배의 인간관계, 그리고 성공적인 사회생활에 꽤 큰 영향을 끼쳤다고 생각한다. 나는 선배의 긍정적인 자세를 보고 배우려고 노력해 보지만 타고난 자질이 부족해서 그런지 그의 그림자조차 따라갈 수가 없어 부끄럽기만 하다. 평소 그의 태도에서 내가 배우고자 하는 점은 배려하는 마음이다.

내 경험에 의하면 배려는 쉬운 것 같지만 어렵다. 표현이 서툰 사람은 남이 자신을 이해한다고 느끼게 되면 생각과 감정을 편하게 표현할 수 있다. 이는 상대방이 자신의 의견을 듣고 이해하기 때문에 생각이나 의견을 표현할 때 심리적 안정으로 효과적인 의사소통을 할 수 있게 된다. 그러한 노력은 상대방의 문제점이나 요구를 파악하고 해결하는 방법을 찾는 데 도움이 된다. 또한 상대방의 이야기에 진심으로 공감하고 대화를 나누면서 서로의 관심사나 생각을 공유할 수 있어 친밀감을 증대시킨다. 마치 떡을 잘 만들기 위해 물로 쌀을 씻고 끓여서 풀어낸 물로 반죽하는 것처럼 배려는 조화이다.

조화는 상대를 존중과 신뢰를 얻음으로써 자존감이 높아지는 바탕이다. 떡은 문화와 전통, 그리고 자연과의 조화를 나타내는 음식이다. 떡을 만들 때는 자연에서 제공하는 재료를 이용하며, 또한 그것을 이용하는 인간의 노력이 들어가기 때문이다. 따라서 떡이 단순한 음식이 아니라 자연의 조화이듯이, 말을 잘 듣는 것 또한, 타인과의 조화이다. 말을 잘 들으면 떡이 생긴다는 속담은 보상으로 지혜를 얻는다는 뜻이다. 말을 잘 듣는 사람은 상대방의 신뢰를 얻어 다양한 기회를 얻을 수 있다. 또한, 이러한 기회를 통해 자기의 능력을 더 높일 수 있고 도약하는 삶의 지혜가 담긴 말이다.

4

노란 우산

노란 우산

우리 집 신발장에는 우산이 대여섯 개 꽂혀 있다. 종류도 다양하여 긴 우산 두 개, 접이식 몇 개와 돌아가신 어머니가 쓰시던 양산까지 있다. 그리고 사무실과 차 트렁크에도 한 개씩 있고, 창고에 포장지를 채 뜯지 않은 것까지 포함하면 우산만큼은 부자다. 우산을 이렇게 많이 가지게 된 것은 대부분 직장이나 모임 행사에서 받은 것으로 돈을 주고 산 것은 없다. 그 많은 우산 중에 딸애가 쓰던 노란 우산에 유독 눈이 간다. 노란 우산은 아이가 집을 떠났어도 앨범 속 사진처럼 색바랜 채로 묵혀있다.

"태윤아, 오후에 비 온단다. 우산을 꼭 챙겨라."

어머니는 새벽에 삭신이 쑤시면 등교 준비에 바쁜 딸에게 채근하듯 당부했다.

"아니에요, 할머니! 학교에 노란 우산 있어요."

딸은 어머니의 신체적 일기예보를 신뢰하는 편이다. 하지만 어머니가 우산을 건네줘도 마다하고 등교하느라 집을 나서기 바쁘다. 어머니가 당신의 말을 귓등으로 듣는 딸의 말투가 밉살스럽지만, 현관 앞까지 따라나서며 참견하는 것은 고집스러운 딸의 성질을 잘 알기 때문이다. 그런 날이면 딸애는 영락없이 집에 돌아올 때 친구의 우산을 어깨동무해 오느라 젖어 있었다. 수건으로 젖은 딸을 닦아 주던 어머니는 속이 상해 늘 하는 말씀을 축음기 틀어놓듯 말씀하셨다.

"어이구, 거봐라! 우산을 갖고 가라고 그렇게 얘기했는데. 하여간 고집은 지 할애비를 빼닮아서는!"

속상한 어머니는 저세상에 계신 애먼 아버지를 들먹이곤 했다. 아버지의 고집에 평생을 속 끓이셨던 어머니는 딸이 아버지처럼 융통성 없는 고집불통으로 자랄까 염려되어 비에 젖은 몸보다 더 걱정하셨다. 딸은 얼굴 한번 본 적 없는 할아버지를 들먹일 때마다 마뜩잖은 얼굴로 대꾸하였다.

"또, 또, 할아버지 얘기한다요."

"어이구, 그래도 제 핏줄이라고 역성들기는"

"히히, 할머니! 우산이 학교에 있는 줄 알았어요."

딸은 불편한 얘기가 나오면 웃음으로 눙치는데 선수다. 그쯤이면 계속 잔소리하려던 어머니는 제풀에 꺾이듯 말문을 닫으셨다. 자꾸 말해봐야 그때뿐이라는 걸 이미 알고 계셨으니까. 딸이 노란 우산에 집착하는 것은, 한때 어린이들의 우상이었던 피카츄 그림이 들어간 추억이었다. 그래서 사춘기에 접어들어서도 낡은 우산을 버리려고 하면 버리지 못하게 하였다. 딸이 그 우산을 처음 썼을 유치원생 때는 우산 속으로 폭 파묻혔었다. 점차 나이가 들어가면서 그 우산은 더 이상 딸을 충분히 감싸지 못했지만 그래도 그 우산만을 고집했다.

어머니는 양산을 쓰고도 얼굴이 벌겋게 달아오르곤 했다. 왜소한 어머니가 작은 양산을 쓰느라 햇볕에 얼굴이 노출되었기 때문이다. 딸은 용돈을 털어 점점 기력이 떨어지는 할머니에게 가볍고 휴대하기 편한 양산을 선물했다. 새 양산은 하얀 천에 꽃무늬가 곱상하게 수놓아져 있는 접이식으로 가방에 넣고 다닐 수 있었다. 그렇게 어머니의 보살핌을 받고 자라난 딸은 어느새 어머니를 챙길 만큼 훌쩍 컸다. 두 사람이 나란히 걸어가다가 딸이 어머니를 올려다볼 때가 엊그제 같았는데 어느 날부터 내려다보더니 어머니 말씀에 토를 달았다. 그 무렵부터 어머니는 딸애에게 의지하는 것 같았다.

"태윤아, 목욕탕 같이 가자. 할머니 등좀 밀어다오."

"등 밀어주면 수고비는 줄거죠? 그냥은 안돼요!"

"에이그 요것아. 할미가 니를 씻기고 먹인 세월이 얼마인데 그깟 등밀이에 돈을 달라고 하냐. 이 할미가 니한테 한 것에 만분의 일이라도 갚아라."

"그거야 아빠가 갚아야지. 나한테 그러면 안되지요!"

어머니는 눈을 흘기는 딸이 같잖은 듯 끌끌하며 혀를 찼다. 그리고 딸의 말이 몹시 섭섭했던지 '내가 저를 어떻게 키웠는데, 애써 키워봐야 소용이 없다.' 라는 마음이 얼굴에 비쳤다. 그리고 얄미운 나머지 뒤끝을 보이셨다.

"알았다. 이 할미도 엎드려 절 받기 싫다. 나 혼자 가마!"

그제야 딸은 어머니의 서운함을 감지하고 얼른 제 잇속을 챙기며 말머리를 돌린다.

"누가 안간다고 말했나요? 용돈을 좀 달라는 거지. 그럼 목욕하고 돌아올 때 아이스크림 사주기. 됐죠?"

그쯤 되면 어느새 두 사람은 목욕 갈 준비에 바빴다. 그렇게 티격태격하다가도 다정하게 집을 나섰다. 딸은 어머니에게 있어 바깥나들이에서 있었던 일들뿐만 아니라 시시콜콜한 것까지 얘기를 나누는 말벗이었고, 때론 나 못잖게 의지하는 우산 같은 존재였다. 딸은 철부지에서 어엿한 숙녀가 되었지만, 어머니와 여전히 때로는 아웅다웅 다투는 사이로, 때로는 친구 같은 사이로 지내다가 우산 같은 집안 울타리를 벗어나 독립했다.

그런 딸과 틈나면 전화기를 붙들고 통화하시던 어머니는 얼마 뒤 세상을 등지셨다. 집안에서 싸우는 소리, 잔소리가 더 이상 들리지 않으니 허전하기만 하다. 독립한 딸이 밥을 짓든 죽을 쑤든 나는 간여하지 않는다. 예전부터 애들이 바르고 성실하게 살아가기를 바랄 뿐 간여하지 않기로 마음을 먹었다. 간여해 봐야 서로 사이만 틀어지기에 지금까지 지키고 있는 편이다. 그래서 자식과는 정신적으로나 물리적으로 일정한 거리를 두고 사는 게 옳다고 믿는다. 하지만 도움을 요청해 온다면 여건이 허락하는 범위에서 도와주려고 한다.

밖에 나가려고 신발장 문을 열었다. 노란 우산이 나를 쳐다보는 것 같아 펼쳤더니 피카츄가 딸인 듯 나를 보고 웃는다. 딸의 얼굴을 본지가 한 해가 지나가다 보니 콧잔등이 찡해오며 마음이 흐물흐물해진다. 자식에게 향하는 마음은 뜻대로 되지 않는가 보다. 전화해서 필요한 게 있는지 물어보고, 한번 집에 다녀가라고 얘기하고 싶다. 예전 어머니가 시집간 여동생을 과하게 걱정하기에 말렸더니만 '자식의 일에 마음이 흔들리지 않을 부모가 어디에 있다더냐?' 라고 하신 말씀이 집안 곳곳에 메아리친다. 가을빛 여무는 억새밭을 걸으며 딸에게 전화를 넣어봐야겠다.

말심이 이모

말심씨는 어머니와 한 살 터울의 먼 친척 동생이다. 나는 그녀의 존재를 성인이 되고도 한참 뒤에 알았다. 어머니가 부산에 살면서 아는 이웃이 없어 적적했었는데, 어느 날 고향 피붙이가 가까이에 있다고 좋아하셨다. 말심씨는 어머니와 시골 한 동네에서 나고 자라 서로의 집을 품앗이하듯 드나들며 추억을 쌓았다. 나는 그런 사연을 들은 뒤로 말심씨를 이모라 부르게 되었다. 물론 어머니를 통해 들었겠지만, 말심씨는 우리 집안 사정을 서울 사는 이모보다 많이 알고 있어서 이모가 알면 서운해할지 모를 일이었다. 어머니가 말심씨를 짠하게 여기는 마음에는 그녀의 박복한 삶이 더해졌기 때문이었다.

어머니는 말심씨가 부산으로 시집가면서 헤어졌다. 부산에 오가는 고향 사람들 편으로 말심씨에 대한 안 좋은 소식이 들려왔다. 신랑이 난폭해서 맞고 산다고, 아들을 위해 참고 살았으나 날로 심해지는 매질에 죽기 전에 도망가라는 이웃들의 성화에 뛰쳐나왔다고. 오갈 데 없는 말심씨에게 도움의 손길을 건넨 분은 법무차관을 역임하고 대학 총장으로 계시던 어머니의 숙부였다. 말심씨의 딱한 처지를 도와주려고 했으나 배운 게 없고 기술마저 없어 일자리를 구할 수 없었다. 마땅히 거처할 곳이 없어 숙부댁에 의탁했고, 밥값이라도 한다며 살림을 도왔다. 그렇게 잠시 머문다는 것이 30년 세월이었다.

말심씨는 숙부 내외의 인정으로 한 식구처럼 지낼 수 있었다. 그 배려에 보답하고자 삼대가 함께 사는 집안에 성심을 다했다. 숙부의 손주들에게는 자기 아들처럼 애살스럽게 대했다. 그리고 글자를 몰랐지만, 집을 비운 가족에게 외부에서 연락이 오면 전해줄 내용을 세세히 기억했다가 알려주어 가족들은 말심씨의 타고난 기억력을 아까워했다. 세월이 유수와 같이 흘러 숙부 내외가 돌아가신 뒤에도 얼마간 살림을 도우다가 나이 탓에 힘에 부쳐 그만두었다.

태연한 척해도 말심씨는 외로움이 많았다. 숙부댁에서 보낸 세월 동안 몸은 편했지만 두고 온 아들 생각에 늘 마음 구석이 아리고 허전했다. 특히 숙부 손주들의 생일상을 보면서 아들 생일에 미역국을 끓여주지 못해 마음이 아팠고, 도시락을 싸면서는 아들의 땟거리를 챙기지 못해 가슴이 미어졌다. 게다가 아이들이 입학하고 졸업하는 모습을 보면서 꽃다발 한번 안겨주지 못한 미안함에 눈물을 훔쳤다. 세월이 흘러 남들이 며느리를 맞이하고 눈에 넣어도 아프지 않은 손주를 안고 다니는 풍경을 풀 죽은 눈으로 바라보았다.

어머니는 말심씨의 속사정을 헤아리고 있었기에 모른 척했다. 굳이 알려고도 하지 않았다. 언젠가 내가 어머니에게 "말심 이모가 더 늦기 전에 아들을 찾아보는 게 어떻겠느냐." 말씀드렸으나 별다른 대꾸가 없었다. 아마도 내게는 말하지 못할 사정이 있었지 않나 짐작했다. 두 분은 동네를 이웃해 있으면서 자주 연락을 주고받았다. 어머니는 맞벌이하는 자식을 대신해서 살림살이에 손주들 육아까지의 고단함과 딸네들의 시집살이에 대한 넋두리를 말심씨에게 풀어놓곤 했다. 어머니가 누군가와 장시간 전화기를 붙들고 있으면 그것은 십중팔구 말심씨였다.

나와 말심씨의 만남은 남달랐다. 그 무렵 내 삶은 유리 파편처럼 어지럽게 흐트러져 있어서 어머니를 심란하게 했다. 말심씨는 내 사정을 듣고 당신의 동네에 용한 점쟁이가 있으니 가 보자고 하여 어머니를 모시고 가게 되었다. 그렇게 처음으로 인사드렸고, 소개해 준 점쟁이는 용하게도 얼마 뒤 불운한 내 삶의 지점을 정확히 맞추었다. 그 후 얼마 지나지 않아 우리는 해운대로 이사를 했고, 말심씨 근황은 어머니를 통해 간간이 듣는 게 전부였다.

그마저도 어머니가 돌아가시자 말심씨를 잊고 살았다. 20년간 잊었던 말심씨 소식을 우연히 듣게 된 것은 숙부의 손자 J교수와 저녁 식사였다. J교수는 옛날 집안 살림을 도와주었던 아주머니가 혼자 사는데, 연로하고 건강이 좋지 않아 걱정이라며 병원 신세를 지게 되면 신경을 써달라는 것이었다. 나는 혹시 말심씨가 아닌가 하여 이모저모 그 아주머니의 신상을 물어보았더니 맞았다. 다행히 J교수가 말심씨 전화번호를 알고 있어 통화를 하게 되었는데 나를 잊지 않고 있었다.

막상 말심씨와 통화를 하게 되니 어머니 생각에 울컥했다. 전화기 너머로 지난 시절의 우리 집 사정을 얘기하며 내가 건강한지, 애들은 잘 컸는지…. 마치 어머니 음성을 듣는 것 같았다. 계속 통화할 수가 없어서 조만간 찾아뵙겠다고 약속하고 전화를 끊었다. J교수를 통해 그간 사정을 들어보니 생활이 궁핍하여 삭월 셋방에 산다고 한다. 내 기억으로는 말심씨가 J교수댁에서 나올 때 노후생활이 안정되도록 금전적 보상을 충분히 받았다고 어머니에게 들었는데 의아했다. J교수는 오빠라는 양반이 그 불쌍한 돈을 사업자금으로 빌려서 모두 탕진했다고 한다.

J교수와 함께 말심씨 집을 찾아갔다. 출발 전에 미리 연락하려고 했으나 몸이 성치 않은 말심씨에게 수고로움을 끼친다며 J교수는 그냥 가자고 했다. 치아가 부실해서 부드러운 카스텔라를 좋아한다기에 빵집에 들러 양껏 샀다. 좁은 골목에 성냥갑처럼 다닥다닥 붙은 5층짜리 빌라의 2층이라, 걷기도 힘든 양반이 계단

을 어떻게 오르내리는지. 게다가 창문마저 없어 여름철 무더위에는 어찌 보내는지 안타깝기만 했다.

J교수가 문을 열며 "아줌마"부르자 어두운 방에 불이 켜지며 "누고?" 한다. 누워 있던 말심씨는 J교수를 보곤 "희야, 왔나." 하며 반긴다. J교수가 나를 가리키며 누군지 알아보겠느냐고 하자 머뭇머뭇 기억을 더듬는다. 내가 "순희언니 아들입니다." 하니 "아이고, 태영이 애비구나." 한다. 갓난아기 때의 딸애 이름을 태영에서 태윤으로 개명했는데, 그때의 이름을 기억하고 있었다. 큰절을 올리는데, 목젖이 메이고 왈칵 눈물이 솟구쳤다. 말심씨는 "자네 엄마가 살아있으면 자주 연락하고 만날텐데, 그리 허망하게 갈 줄이야." 흐릿한 눈가에 어머니를 떠올리고 있었다. 그리고 궁금했던 가족의 생활에 대해 많이 물었다.

말심씨에게 다녀온 뒤로 안부 전화를 하면 끊을 줄 모른다. 요양보호사가 매일 방문해도 외롭다고 하신다. 어머니도 퇴근한 나에게 전에 없이 말씀이 많았던 까닭도 외로움이었다. 그리고 아픈 무릎 때문에 말심씨를 만나기 어려울 때 내가 다리가 되어 주어야 했다. 오늘도 그의 쌓인 외로움이 내게로 넘어온다. 말심씨는 "아들아, 우짜던지 술 작게 묵고, 건강해야 된다." 숫제 나를 아들이라 하는 것은, 나를 통해 그토록 그리운 아들을 부르는 것이다. 그리고 아들을 걱정하는 엄마의 마음이기에 난 그저 “예, 그럴께요. 어머니.”라고 대답한다.

아버지의 독백

예전에 제사는 밤 12시가 넘어서 지냈다. 초등학생이던 내게는 제사 시간에 쏟아지는 잠을 참기가 무척 힘들었다. 어느 해인가 할아버지 제사를 마친 나는 졸음에 지쳐 대청마루 귀퉁이에서 설핏 잠에 들었고, 아버지는 음복을 드셨다. 빈속에 드신 음복술 탓이었을까 아니면 보름달이 처연하다고 여겼을까. 평소에 듣지 못한 할아버지에 대한 그리움을 아버지는 삭힌 응어리를 저며내듯 말씀하셨다. 나중에 철이 들어 그날 잠결에 보았던 달빛을 생각할 때면 마치 남 얘기하듯 애절하던 아버지의 말씀이 떠오른다.

오래전 돌아가신 아버지가 보고 싶다. 아버지는 하늘에서 사랑하는 큰아들을 만나 잘 지내시겠지만 그렇게 허망하게 돌아가셨다는 게 아직도 믿기질 않는다. 두 평 남짓한 땅에 잠들어 계시는 모습이 아직 낯설어도 예전에 비해 많이 익숙해졌다. 아버지를 뵈려 용호리 금계천 하천길을 따라 걸어 골짜기로 들어서면 장승처럼 오래된 석탑이 있어 사람들은 이 일대를 탑골이라 부른다. 석탑에 이르러 지친 걸음을 멈추고 바위에 앉아 잠시 쉬었다가 골

짝을 따라 올라가면 아버지가 계신 산자락이다. 다시 오솔길을 걷노라면 금세 느티나무 그림자가 닿는, 예닐곱 걸음 앞에 아버지 산소가 있다.

아버지의 산소에 가면 언제나 반가움과 쓸쓸함이 나를 먹먹하게 한다. 잠시 머뭇거리다 '아버지께 인사를 드려야지.' 정신을 가다듬고는 막걸리를 따르고 절을 올린다. 산소에서 우리 식구들이 살았던 고향마을을 내려다보니 서글픈 옛 생각이 난다. 병석에 누운 아버지는 쇠잔한 기력 탓에 자꾸 눈이 감겼고, 그 안타까운 상황에 눈물을 머금은 채 가슴 졸이며 불안해하던 어린 시절의 내 모습이 생각난다. 아버지 병세는 마음의 병이라 손쓸 방법이 없다며 의사는 머리를 흔들었다. 그렇게 의사가 왕진을 다녀간 달포 뒤에 나의 간절함이 무색하게도 아버지는 눈을 감으셨다.

아버지는 북한군에 끌려간 맏아들이 사망했다는 소식을 듣고 망연자실했다. 나의 형은 아버지에겐 삶의 희망이자 포부였다. 잘생긴 얼굴에 훤칠한 체격, 검도와 승마를 잘했고, 머리까지 똑똑한 동경 유학생이었다. 사람들은 그런 아들을 둔 아버지를 부러워했다. 그 생떼 같은 아들을 전쟁통에 억울하게 잃게 되자 화병이 나서 여덟 달 만에 촛불이 꺼지듯 생명줄을 놓아버렸다. 아버지 무덤을 바라보며 "저는 아버지에겐 어떤 자식이었어요?"하고 넋두리했다. 병석에 누워 계신 아버지의 손을 잡고 '왜 형만

자식이냐고' 따지고 싶었으나 입술을 깨물며 울음을 삼켰다. 지금 생각해 봐도 잘 참았었다.

그해 6.25 전쟁만 터지지 않았더라면 아버지는 그리 황망히 돌아가시지 않았을 것이다. 식구들은 아버지를 위해 어찌할 줄 몰랐고, 나는 형이 없는 두려움에서도 아버질 위해 뭔가를 해야 한다는 생각에 짓눌렸었다. 나는 아버지가 병석에서 일어나면 '제가 형 몫까지 잘하겠습니다.' 하며 말하려고 했는데 갑자기 허무하게 세상을 떠나셨다. 아버지는 돌아가시기 사흘 전, 방 안이 갑갑하다고 하셔서 문을 열어드렸더니 마당 한 곁에 핀 오동나무꽃을 보고 며칠 전보다 기분이 나아지신 듯했다. 그리고 코흘리개 여동생의 머리를 쓰다듬으며 "우리 딸 시집갈 때 저 오동나무를 베어 이쁜 장롱을 만들어줘야 할 터인데." 하고 말씀하셨다.

그렇게 아버지는 내 말을 들어줄 기회조차 없이 훌쩍 떠나셨다. 나는 둘째 아들로, 형만큼 뛰어나지 않았으나 아버지로부터 차별받지 않았다. 하지만 형을 향한 아버지의 아낌없는 사랑이 죽음으로 내몰았다는 사실에 충격을 받았고 사춘기 자아 형성에 영향을 미쳤다. 스스로 늘 형과 비교하며 자신을 부족한 존재로 인식하는 습관이 생겼고, 나의 감정을 표현하거나 의견을 말하는 것을 꺼렸다. 그래도 아버지를 그리는 마음은 여전히 가슴 한곳에서 맴돌고 있다. 그런 나를 아는 주변 사람들은 마치 "네가 언제부터 아버지와 끈끈한 부자 사이였다고, 그토록 그리워하느냐." 혀를 찰 수도 있었을 것이다.

나는 내 생각에 갇혀 고집불통이 된 근원이 애정결핍이라고 여겼다. 아버지가 돌아가시고 난 뒤 내게 일어나는 모든 문제를 아버지 탓으로 돌려 버렸고, 남편의 빈자리에 힘든 어머니에게조차 내키는 대로 말을 함부로 쏟아 버리는 몹쓸 아들이었다. 그런 내게 아버지란 아버지이기 전에 독립된 존재로 욕망을 갖고 살아가는 인간이라는 사실에 주목하게 된 계기가 있었다. 나는 군을 제대하고 마땅한 취직자리가 없어 고향에서 죽치며 세월을 허투루 보내고 있었다. 그땐 내게 다가올 미래가 시시하게만 느껴졌었고, 뒤를 돌아보아도 비빌 언덕이라곤 찾아볼 수 없어 암울하기만 했다.

그러던 어느 날 내가 보는 세상이 전부가 아닐 것이라는 생각이 들었다. 이 세계에 내가 알지 못하는 다른 삶의 방식이 존재할지 모른다는 생각이 꿈틀대었고, 나는 그 마음을 따라 세상을 돌아보며 나를 들여다보기 시작했다. 그 여행을 통해 내 안은 다른 색채를 보게 되었다. 예전에는 한정된 틀에 갇혀서 내가 보는 색채로만 모든 사물을 재단했었는데, 그 대상이 아버지였고 또는 다른 사람에게도 덧칠하였으니, 여행이 내가 갇힌 속박에서 벗어나게 하였다. 그 깨달음 뒤에 아버지를 한 인간으로 생각하게 되었고, 나 자신에게도 사랑과 관심을 주는 것이 중요하다는 사실을 알게 되었다.

그렇다고 아버지에 대한 마음이 한꺼번에 정리되지는 않았다. 아버지는 왜 다른 자식이 있음에도 불구하고 형의 죽음에 삶의 끈을 놓아야 했는지, 아버지와 나 사이에 동질의 감정선을 가졌는지, 내가 가정을 이루기 전까지는 몰랐다. 아버지를 생각하면 사람이란 자기 시름은 혼자 짊어져야 하는 쓸쓸한 존재이기도 했다. 내가 아는 아버지는 홀로 외로움과 싸우다 돌아가셨다. 곁에 식구란 이름으로 여럿이 있었지만, 아무도 아버지의 고통을 나눌 수는 없었던 듯하다. 나도 '아버지가 돌아가시면 앞으로 어떻게 살아가지?' 하는 걱정뿐이었다. 그런 심정으로 아버지에게 집착 아닌 집착을 했었다.

세월이 흐르면서 아버지를 받아들이게 되었다. 아버지도 아버지이기 이전에 한낱 욕망을 품은 나약한 존재로 생각되자 더 보고 싶어졌다. 아버지도 인간이기에 감정이 있고, 형에게 더 많은 관심과 사랑으로 대하는 것은 개인적인 선호나 생각에 기인할 수 있다는 것을 이해하게 되었다. 그런 이해의 터널 끝에 서 있는 아버지가 한 인간으로 가엾게 보였다. 지금까지 몰랐던 아버지의 어린 시절이 궁금해졌고, 살아온 삶에 가까이 다가가고 싶었다. 그러나 아버지는 내 곁에 계시지 않는다. 오늘따라 아버지가 더 그리운 건 내 무르팍에 잠든 아버지를 닮은 아들이 있기 때문인지 모르겠다.

매미가 울면

매미가 울면 떠오르는 기억의 잔상이 있다. 어린 시절 여름 방학이 되면 마을에 있는 학교 운동장에서 자주 놀았다. 따가운 여름 햇살에 교정의 포플러가 넓은 나뭇잎으로 그늘을 치면 아이들은 모여들었고, 부채질하듯 우는 매미 울음소리에 시간 가는 줄 몰랐다. 그 시절은 정부의 산림녹화 정책으로 헐벗은 산과 들에 나무를 많이 심었다. 나무 종류는 대부분 성장 속도가 빠른 아카시아, 느티나무, 포플러 등의 활엽수와 농촌의 가계소득에 도움이 되는 잣나무와 밤나무 등의 유실수를 심었던 것으로 알고 있다. 전국의 학교도 예외가 아니어서 교정 곳곳의 빈 땅에 포플러를 주로 심었다.

나의 어린 시절은 변변찮은 장난감이나 놀이기구가 없었다. 놀이라고 해봐야 기껏 자연을 벗 삼아 노는 것으로 계절적 영향을 많이 받았고, 남녀가 선호하는 놀이 또한 달랐다. 남자애들은 축구나 자치기, 제기차기, 팽이치기, 연날리기, 물놀이, 썰매 등이었고, 여자애들은 고무줄놀이나 공깃돌이었다. 그래도 남녀가 함께하는 놀이도 있었는데 비석치기, 땅따먹기, 오징어깡, 사방치기 등이었지 않나 생각한다. 한여름에는 땀을 적게 흘리며 노는 놀이가 땅바닥에 둥근 원을 그려놓고 금을 긋는 땅따먹기여서 나무 그늘이 안성맞춤이었다.

우리 동네는 조선시대 읍성邑城 안에 있는 마을이었다. 비록 시골이었지만 행정구역상 읍이라 농사짓는 가구가 많지 않아 방학이면 집안 농사에 동원되는 아이들이 별로 없었다. 게다가 요즘처럼 방학에 오히려 공부를 더 몰아붙이는 사회적 분위기도 아니어서 한껏 놀았다. 아이들은 아침부터 해가 높이 떠서 그림자가 옴짝달싹하지 못하는 한낮까지 즐겨 놀았고, 그 시간쯤이면 매미가 극성으로 울었다. 아이들은 매미가 배고파서 우는 소리로 알고, 때에 맞춰 자신들도 배가 고파 집으로 갔었다. 집에 돌아오면 냉장고가 없던 시절이라 시원한 우물 안에 재워놓은 밥을 먹었다.

논리적으로 사물을 이해하는 나이에 이르러 매미가 우는 원인을 알았다. 매미울음은 매미가 배고파서 우는 소리가 아니라 수컷이 짝짓기를 위해 암컷을 유인하는 소리인 것을, 또한 입에서 나는 소리가 아니라 배에 있는 진동막이 울려 나는 소리로, 암컷은 진동막이 없고 알을 낳는 산란관이 있다. 수컷은 울다가 암컷이 오지 않으면 장소를 옮겨가면서 운다. 그 울음은 목숨을 담보하는 행위이다. 매미 우는 소리에 천적인 사마귀나 말벌, 거미가 모여드니, 자신의 위치가 노출되어 생을 마감하기도 한다.

매미의 삶은 우화羽化의 일생이다. 땅속에서 7년 이상 유충으로 지내다 땅 위로 올라와 성충이 되어 여름철 고작 한달 정도 지내다 죽는다. 우리나라의 대표적인 매미는 참매미와 말매미인데, 참매미는 토종으로 흔히 "맴~맴~맴" 하며 울고, 말매미는 아열대에 주로 서식하는 매미로 "찌~, 치~" 하고 운다. 한반도의 고온화로 말매미 울음소리가 극성이다. 매미의 특성은 주변 소리에 민감하게 반응한다고 한다. 가만히 있다가 주위 소리에 반응하여 우는데, 자신보다 큰 소리가 나면 더 크게 운다고 한다. 심지어 전철이 지나가는 소리나 비행기 소음에도 질세라 더 세차게 운다고 한다.

매미는 우리나라와 중국에서 고고한 존재로 추앙받던 곤충이었다. 옛 선비들은 매미가 다섯 가지 덕을 지녔다고 하였다. 매미의 얼굴은 선비들의 갓을 닮아 '문文'의 기상을 가졌고, 나무의 이슬을 먹고 산다고 하여 청아하다고 하였다. 나무에 살지만 집을 짓지 않아 검소하며, 다른 동물들처럼 농부의 농작물을 탐하지 않아 염치가 있고, 자신이 오고 가는 때를 아니 신의가 있는 존재라고 하였다. 임금의 왕관인 익선관의 유래도 매미의 날개에서 나온 것처럼 선비들은 매미의 이러한 덕을 사랑했고 매미의 삶이 자신들이 추구하는 삶의 본보기라 여겼을 것이다.

매미가 주변보다 왜 그렇게 더 크게 우는지 궁금했다. 그냥 목청껏 소리를 크게 내고 싶어서 우는 것보다는 자기 얘기를 들어 달라고 말하는 외침일지도 모른다. 땅속에서의 오랜 침묵의 시간을 보낸 매미는 참고 기다릴 줄 안다. 매미에게 있어 침묵은 말할 수 있을 때까지 기다림이며 곧 성숙의 시간이다. 이는 자신을 세상으로부터 격리한 채 절제와 수양을 통해 성찰의 가치를 키운 수도사처럼 매미 또한 겨우내 차디찬 땅속에서 참고 인내하는 기다림이었으리라. 그런 기다림은 곧 만남이며 대화를 나눔으로써 소통하는 것이 아닌가 생각한다.

우리 주변에는 매미와 같은 사람들이 적지 않다. 내가 세심한 마음으로 살피지 못한 탓일 뿐, 매미처럼 자기 말을 들어 달라는 사람들이 있다. 그런 사람 중에 어머니가 매미의 심정이었을 때가 있었다. 이젠 돌아가신 어머니는 유교적 가풍의 영향으로 맏이인 나에게는 동생들처럼 편하게 대하지 않으셨다. 나 또한 어릴 적부터 전형적인 장남의 구실에 익숙하여 어머니와 살갑지만은 않았는데, 어머니께서 연로해지면서 전에 없던 행동을 하셨다. 내가 퇴근하여 거실에 앉아 있으면 넌지시 다가와 낮에 있었던 일을 두런두런 말씀하셔서 내가 낯설어하자 무안해하며 말문을 닫으셨다. 어머니는 나에게 있어 매미가 되었던 것이었다.

속절없이 어머니를 떠나보내고 매미울음의 의미를 배우게 되었다. 매미는 여름철에만 울지만 내 주변에 매미와 같은 이들이 없는지 꼼꼼히 살펴보려고 노력하고 있다. 매미를 통해 배운 세상 공부가 헛되지 않으려면 매미가 사시사철 살아있다는 것을 인식해야 한다. 사람들은 종종 상대방이 목소리를 높이면 자기를 이기려고 악쓰는 것으로 오해하기도 한다. 하지만 매미처럼 자기의 말에 귀 기울여 달라는 뜻으로 받아들이면 한결 수월하지 않을까. 대화가 꼭 서로 말을 주고받아야만 이루어진다고 생각하지 않는다. 상대방의 말을 잘 들어 주는 것만으로도 훌륭한 대화이기 때문이다.

절의 의미

어머니는 절을 참 좋아하셨다. 마음이 팍팍할 때면 묵은 먼지를 털어내듯 고향에 있는 금산 보리암에 자주 가셨다. 아버지가 돌아가시고 나와 함께 부산에 살면서도 계속 보리암에 다니시다 기력이 쇠하시고는 발길이 뜸해지면서 가까운 절을 찾으셨다. 아마도 보리암이 외할머니뿐만 아니라 외가 선대로부터 누대에 걸쳐 다니던 곳이라 그랬을 것이다. 외가의 종교 성향에도 변화가 일어 이모처럼 성당에 다니거나 사촌 중에 교회를 다니는 사람도 생겨났다. 그럴 때마다 어머니는 평생 자손들을 위해 한결같이 불공을 드렸던 외할머니의 정성이 잊어져 간다고 서운해하셨다.

어머니가 절에 다녔던 이유는 간단했다. 외할머니가 그러했듯이 어머니도 절에 가면 주로 식구들을 위한 기도였다. 그러나 연세가 드시면서 가족들이 겪는 불운을 당신의 업장으로 여기고 그 업보를 소멸하고자 발원하는 기도로 바꾸었다. 나는 자식으로서 사람의 행불행은 개인 몫이니 자책하듯 그런 마음을 갖지 마시라고 말려도 듣는 시늉만 하셨다. 나중에는 무릎관절이 좋지 않음에도 불구하고 마음을 내려놓은 108배는 멈추지 않으셨고, 법당에 앉아 참선하고 돌아오시는 일이 잦았다. 그리고 스님들이 들려주는 말씀을 놓치지 않고 새겼다가 식구들에게 들려주며 절에서 배운 가르침대로 사시려고 노력하셨다.

나는 어머니만큼 자주 절에 다니지는 않았지만 적게 다닌 편도 아니다. 그 덕에 절의 고건축이나 고미술과 같은 겉모습에 관심을 가져 불교 문화재를 이해하는 눈을 키웠지만 깊은 철학은 여전히 헤아리지 못한다. 그래서 제대로 자료를 찾아보니 우리나라에서 '절'이라 부르게 된 이유는 확실하지 않으나 신라에 불교를 전한 아도화상이 지금의 선산군 모례毛禮의 집에 머물렀다고 한다. 그것이 우리말로는 '털레의 집'이 되어, 그 '털'이 '덜'이 되고 다시 '절'이 되었다고 한다. 석가모니가 불교를 전파하던 시기에는 무소유의 정신이었기에 출가자들의 특별한 거주지가 없었고 탁발로 수도 생활을 영위하였다.

절이 세워진 배경은 불교가 유래된 인도의 기후 때문이라고 한다. 승려들은 다른 종교의 수행자들과 마찬가지로 동굴 또는 나무 아래에서 좌선하거나 널리 돌아다니며 불법을 전했다. 그러나 인도의 고온다습한 우기에는 이와 같은 생활이 어려워서 한곳에서 수행할 필요가 있었고 또한 돌아다니게 되면 장마철에 땅으로 나온 벌레들을 의도하지 않게 밟아 죽이는 살생을 하게 된다. 그리하여 우기 석 달 동안 바깥출입을 삼가면서 출가자들이 공동생활인 안거安居를 하게 되었다. 동남아는 여름철만 안거이지만 중국과 한국 등 대륙성 기후의 나라에서는 겨울철에도 석 달의 안거 기간이 있다.

불교 최초의 절은 죽림정사竹林精舍와 기원정사祈園精舍로 알려져 있다. 이들 정사는 안거를 지내기 위해 생긴 곳으로, 그 당시의 절은 단순한 공동주거지의 성격이었으나 시대 흐름에 따라 점차 종교의례를 집행하는 성스러운 장소가 되었다. 석가모니 당시 의례는 주로 자신의 허물을 대중 앞에서 참회하는 형식의 의례로 보름에 한 차례씩 행해졌다고 한다. 이런 의례 모임의 근거지가 되었던 절은 규모와 질적인 면에서 크게 성장하였다. 불교가 확장하는 시기에는 불상과 불탑 등이 사찰의 중요한 정신적 위상을 점하게 되었고 이는 오늘날 고색창연한 문화재로 자리매김하고 있다.

내가 절에 첫 발걸음을 뗀 이유는 대단하거나 복잡하지 않았다. 어느 스님의 말씀처럼 절에 가는 이유가 불전에 수없이 몸을 굽혀 절을 함으로써 자신을 낮추어 몸의 안과 밖에 덕지덕지 붙은 어두운 업식을 털어내고 청정해진 마음으로 석가모니가 깨달은 반야의 지혜를 얻기 위함은 아니었다. 어머니의 영향을 받은 평범한 사람으로서 절에 발걸음을 딛게 된 것이지 애당초 남다른 삶을 살려는 뜻은 없었다. 그러나 인생이란 바람 한 점 없는 고요한 호수와 같은 삶은 없듯이 누구에게나 파란은 일어나기 마련이다. 나 또한 그런 고난의 파고에서 벗어나기 위해서 부지런하고 남다른 가치를 배워야 했다.

한세상 살아가면서 자신에게 닥친 고난을 극복하기란 쉽지 않다. 마치 안개 속에 갇혀 방향을 잃고 헤매는 것 같고 내 안에 날뛰는 망아지에게 시달리는 것과 같은 힘겨움이다. 때론 방향을 잡고 자신을 다독거리며 헤쳐가더라도 물살을 거슬러 올라가는 버거움이 따른다. 그래도 그런 노력이라도 해야만 어려움을 떨쳐나갈 수 있다. 옛사람들은 이러한 노력을 매화에 비유하여 '겨울의 엄동설한이 없었다면 어찌 찬 공기를 뚫고 나온 은은한 매화 향기가 있을 수 있었겠는가.' 라고 하였다.

세상이 차갑게 느껴지던 시절, 될 대로 되라고 생각했다. 홀로 감당할 수 없는 일이 닥치게 되면 때론 그런 자세가 도움이 되기도 하지만 마음의 중심도 없이 그랬다간 더욱더 갈피를 잡지 못할 수 있다. 남들과 거리를 두고 자기 자신을 내밀히 들여다봐야 한다. 그리고 다른 사람들에게 의지하지 않고 자신을 스스로 추스르고 여며야 한다. 즉, 남의 시선이 중요한 것이 아니라 자기 마음이 중심이 되어야 한다. 신앙이 마음을 잡는 데 최적이라고 생각하게 된 계기는 어머니의 권고와 지극한 신심 덕분이었다. 절을 찾고 불교에 대해 차츰 알아가면서 잘못된 일을 남이 아닌 내 탓으로 돌릴 수 있었으며 곧 마음의 안식을 가질 수 있었다.

그렇게 절과 맺은 인연의 세월이 꽤 흘렀건만 절의 뜻을 몰랐다. 절이란 부처님과 스님들이 머물러 계시는 곳으로 종교의례와 중생에게 가르침을 주는 공간 정도로만 알고 그 외는 아는 게 없었다. 그런데 어느 날 한 스님이 '절이란 저절로 되는 곳이라서 절이다.' 라는 말씀을 듣는 순간, 갑갑한 머리에 시원한 바람이 이는 느낌이었다. 어머니가 절을 그렇게 열심히 다니셨던 이유는 당신의 힘으로 할 수 없는 일이 기도를 통해 저절로 되기를 바라지 않았을까. 당신의 업장 소멸로 식구들의 삶이 더 나아지고 저승에 계신 부모님이 피안의 세계에 계시기를 기원하였으리라고 짐작한다. 그 마음 끝에 당신의 죽음과 장례까지 부처님의 가르침을 따르셨고 나와 동생은 그러한 어머니의 삶을 따라 절을 자주 찾는다..

양반가의 접빈객 문화

요즘 사람들은 양반계급을 신분으로 오해한다. 계급과 신분의 차이는, 계급은 자기 노력으로 변할 수 있으나 신분은 타고나기에 바꿀 수 없다. 조선시대 양반은 귀족과 관료 성격이 섞인 상류층이나 고려시대 귀족 신분은 아니었다. 양반은 4대무현관四代無顯官으로, 3대에 한번은 과거시험의 일종인 초시 이상에 합격해야 양반을 유지할 수 있었고 평민도 합격하면 양반이 되었다. 즉, 조선 초기엔 계층 간 신분 이동이 가능했고 평민도 성씨를 갖는 사회였다. 그러다 중기 이후 4대무현관을 무시하고 조상 중에 벼슬을 지낸 관리가 있으면 양반으로 불렀고, 말기에는 족보 매매도 있었기에 양반의 수가 늘어났다.

조선시대는 법적 신분인 양천제와 달리 반상제는 사회적 계급이다. 따라서 애당초 양반 계층은 유동적이었으나 서로 통혼을 통해 결속력을 높였고, 후기에 이르러 비교적 명확한 틀이 확립되어 양반이 사회적 계급과 법적 신분 성격을 모두 지니게 된 것이라고 역사학자들은 말한다. 양반은 문무文武를 일컫는 말로써 대

궐에서 조회할 때 동쪽에 문관들이 서서 동반東班이라 하고 서쪽에 무관들이 서서 서반西班이라고도 불렀다. 벼슬에 뜻이 없고 학문에 힘쓰는 산림처사라도 초시, 생원시와 진사시에 응시해야만 했다. 그래야 군역과 부역을 면제하고 학문에 힘쓸 수 있었다.

양반에게 있어서 중요한 역할은 봉제사 접빈객이다. 주자는 경재잠敬齋箴에 이르기를 '문을 나설 때는 손님을 뵙듯, 일을 받들 때는 제사를 모시듯' 하라고 했다. 나도 선대 불천위제사를 모시기 위해 충남 연산의 종가에 매년 가지만 양반은 자기 조상뿐만 아니라 서원이나 향교에 모셔져 있는 성현들에 대해서도 제사를 올린다. 이런 과정을 통해 학문을 닦아 향리의 백성을 교화하고 다른 양반들과 교류하였다. 이처럼 옛사람에게 있어 접빈객은 단순히 손님을 맞이하는 것이 아니고, 봉제사는 하나의 의례로 끝나는 것이 아니라 그 자체가 생활이고 도덕적 가치를 실행하는 수양이었다는 것을 알 수 있다.

접빈객 문화에 관한 자료를 찾아보니 해방 이후까지 풍습이 남아있었다. 그 자료를 통해 접빈객이 단순히 손님을 맞이하는 정도로만 이해했던 선입견을 바로잡을 수 있었고 또한 흥미로웠다. 요즘 TV 사극 드라마를 보면 선비가 멀리 길을 가다가 숙식을 해결하고자 주막에 들리는 장면이 나온다. 그러나 60~70년대 드라마에서는 지나가는 고을의 양반가를 찾아가 대문 앞에서 '이리나오너라' 하고 외치고선 숙식을 부탁한다. 개인의 사정에 따라 달랐으므로 어느 시대 드라마가 더 비중이 있다고 볼 수 없으나 지체 높은 양반이 상민과 장사꾼이 이용하는 주막에서 함께 자고 식사한다는 것은 쉬운 일은 아니었을 것이다.

자료에 나온 양반의 숙식은 양반가를 찾아가는 방법이었다. 벼슬아치는 각 지역의 역참이나 지방관청의 객사를 이용했고 일반 양반은 지나가는 고을의 양반가를 찾아가서 신세를 졌다. 양반들은 지역이 달라도 족보나 학문교류를 통한 인적 네트워크가 형성되어 있어서 안면이 없다 하더라도 자신이 사는 고을과 가문을 주인에게 밝히면 소통할 수 있었다. 그것이 양반들의 상부상조였다. 그렇게 길손에게 이루어진 접빈객도 모든 양반에게 똑같지만은 않았고 길손이 속한 문중의 수준에 따라 걸맞게 예우하였다. 그것을 확인하는 방법은 길손의 체면을 상하지 않는 상태에서 은유적 대화를 통해 확인하였다.

주인 양반은 길손을 사랑방으로 들어오게 하여 인사를 나눈다. 길손의 문벌을 확인하는 방법은 대략 두세 가지로 간단하면서도 예리했다. 먼저 손님에게 팔고조도八高祖圖는 어떻게 되냐고 묻는다. 팔고조도는 나의 부계와 모계를 거슬러 4대 고조부까지 올라가면 8명의 고조부가 나오는 혈통 계보로, 내가 존재하기 위해서는 8개의 성씨 가문으로 이루어져 있는 내력에 대해 에둘러 묻는 것이다. 팔고조의 가문들이 국가와 사회에 공이 있어 이름깨나 있을 수 있지만 허물이 있을 수도 있다. 모름지기 제대로 된 양반이라면 팔고조도를 말하고 그 가문들의 내력을 읊을 수 있어야 했다.

두 번째는 "갈장碣壯은요?" 그리고 세 번째는 "행장行狀은요?"라고 묻는다. 갈장은 죽은 이의 행적을 묘비에 적는 것이고, 행장은 죽은 이의 일대기를 문서로 기록하거나 책자로 만드는 것이다. 그런데 갈장과 행장은 죽은 이를 위해 각기 누가 문장을 짓고 누구의 글씨로 썼느냐에 따라 그 사람의 인품을 가늠하였다. 그래서 길손의 윗대 아버지나 할아버지의 갈장과 행장을 당대 유명한 학자나 고관대작이 적어주었다면 죽은 이의 인품 또한 그만큼 성덕이 높다고 하는 반증으로 그 손님의 문벌을 판단하였다.

팔고조도가 시사하는 바는 역사 속의 모든 이들이 조상이라는 가르침이다. 왜냐하면 부계만 아니라 모계의 혈통도 똑같이 중요하다는 것을 얘기하고 있다. 8개 성씨 가문이면 웬만한 가문은 씨줄 날줄의 거미줄처럼 촘촘히 얽혀 있다. 내가 또래들보다 일찍 종중을 출입하면서 어른들에게 배운 가르침 중에 '아무짝에 쓸모도 없는 감자잎처럼 뿌리를 믿고 설치는 후손이 되지 말라.'는 것이었다. 그 말의 뜻은 훌륭한 조상만 믿고 교만하지 말라는 것이며 4대 이상이면 우리 모두의 조상이라고 하였다. 갈장과 행장은 양반으로서 도덕적인 의무에 충실하며 학업에 힘썼느냐를 나타내는 것이다. 옛 선비들이 과거에 급제하여 자신의 포부를 펼치기도 했으나 산림처사를 자처하며 학문에 몰두하고 후학을 양성하거나 지역민의 교화와 생활 향상을 위해 향약을 만들어 노력하였다.

시대가 변하면서 양반의 처지도 시류를 탔다. 임진왜란 때 의병으로 목숨을 초개와 같이 버린 노블레스 오블리주를 실천하였던 양반들은 조선 후기에 이르러 그 수의 증가와 생산양식의 발달로 반상제가 허물어졌다. 오랫동안 과거에 급제하지 못하거나 재산을 잃은 몰락한 양반들을 잔반 또는 시골에서는 향반이라 불렀고 생계를 위해 농사나 장사를 하는 이들도 생겨났다. 또 글공부를 바탕으로 서당의 훈장이 되거나 글을 모르는 백성들의 송사를 써주고, 의약업 등과 같은 중인들이 하던 분야에 종사하며 손에 흙은 묻히지 않고 체면을 유지하였다. 다만 양반과 평민의 수준 차이가 심했기 때문에 몰락한 양반이라도 봉제사와 접빈객 예법을 지키려 노력했기에 존중받았다.

세월이 변해도 신분과 계급을 떠나 온고지신溫故知新의 사람들이 있다. 요즘에도 족보를 통해 항렬을 따지며 종중을 유지하는 집안, 양반의 학문적 가풍으로 학자의 신분을 이어간 집안, 그리고 종갓집 같은 곳엔 봉제사 접빈객의 예법이 강하게 남아있다. 이러한 상류층 가문, 가풍이 엄격한 가문, 유교적 예법에 충실한 가문에서는 지금도 결혼하려면 가문을 따질 만큼 전통은 살아있다. 그래서 양반가의 전통이 악화하였어도 붕괴하지 않고 사회에 다양한 영향력을 끼치고 있는 이유는 대쪽 같은 마음으로 옛 가치를 지키는 문중의 어른이 존재하고 그 기품에 다가가려는 젊은이들이 있기 때문이다.

가난한 사람이 더 합리적이다

경제학 도서를 통해 세상을 바라보면 색다르다. 얼마 전에 읽은 경제학 『가난한 사람이 더 합리적이다』라는 책 또한 그러하였다. 책에서 저자는 빈곤한 나라에 무조건 식량 원조만으로는 빈곤의 악순환을 끊을 수 없다고 하였다. 오늘날 대부분의 선진국이 쌓은 경제적 부는 과거 약소국을 식민지로 삼아 수탈한 결과인 것이 역사의 일반론이다. 이와 유사한 책인 제프리 삭스Jeffrey David Sachs의 『빈곤의 종말』을 예전에 읽었을 때 그 내용에 대해 공감하였는데, 선진국은 정치 경제적 책임감을 지니고 후진국에 원조해야 한다고 했다.

이 책은 빈곤의 경제학을 연구한 내용이다. MIT 경제학과 교수인 아비지트 배너지Abhijit V. Banerjee와 에스테르 뒤플로Esther Duflo의 공동작이다. 원래 제목은 'Poor Economics' 이지만 한글 제목을 '가난한 사람이 더 합리적이다' 라고 한 것은, 번역자가 경제적으로 가난한 사람은 무엇을 선택할 때 신중하다는 데 착안한 것이다. 가난한 사람이 신중하게 선택하려 하지만 여러 이유로 그 선택이 옳은 것만은 아니라고 하였다. 가난한 사람과 접촉하면서 도와주려고 했으나 소용이 없어 포기했으나 빈곤 문제를 해결할 수 있다면, 작은 것이라도 도와주어야 한다고 주장한다.

세상에는 하루 1달러 미만으로 생활하는 빈곤층이 10억 명에 이른다. 빈곤 퇴치 문제를 다루는 학계는 두 부류로, 하나는 후진국에 대규모 원조를 제공하자는 컬럼비아대 교수 제프리 삭스Jeffrey David Sachs가 대표적이다. 그는 부유한 나라들이 2005년부터 향후 20년 동안 빈국에 1,950억 달러의 원조를 제공하면 빈곤을 없앨 수 있다고 주장한다. 반면에 뉴욕대 교수 윌리엄 이스털리William Russell Easterly는 원조를 통해 빈곤을 해결할 수 있다는 주장은 '새빨간 거짓말'이라고 비판한다. 그는 '원조는 피원조국의 정부를 부패로 내몰고 사회경제적 기반을 약화한다.'라며 빈곤은 해당 국가가 자유시장 시스템을 도입해 스스로 해결할 수밖에 없다고 하였다. 내 생각으로는 원조는 계속하되 수혜적 방식이 아닌 현지의 정서와 문화를 고려한 맞춤형 원조가 되어야 한다. 우리나라의 새마을운동이 아프리카에서 성공을 거둔 사례가 대표적이다.

또한 이 책에서는 지속적인 빈곤 원인으로 몇 가지 항목을 심층 연구하였다. 그 결과를 보면 일반적인 상식을 깨게 된다. 총 가계

지출액 중에서 식품비가 차지하는 비율을 '엥겔 지수' 라고 한다. 일반적으로 식품은 필수품으로서 소득의 높고 낮음에 관계없이 반드시 얼마만큼 소비해야 하며 동시에 어느 수준 이상은 소비할 필요가 없는 재화이다. 그러므로 저소득 가계라도 반드시 일정한 금액으로 식품비를 지출하여야 하며, 소득이 증가하면 그전보다 증가하지 않는다. 따라서 엥겔 지수는 소득 수준이 높아짐에 따라 점차 감소하는데 0.5 이상이면 후진국, 0.3~0.5이면 개발도상국, 0.3 이하이면 선진국이라고 한다.

이러한 관점에서 빈곤의 덫이 불충분한 영양 섭취에 있다는 학설이 흥미롭다. 가격할인을 받아 구매 욕구가 증가해도 가난한 사람의 열량 섭취량은 증가하지 않는다고 한다. 가계소득이 증가하면 배부른 것보다는 맛이 있는 음식을 찾는다는 말이다. 이것은 가난한 사람이 경험을 통해 다양한 영양가를 알 수 없으므로, 가격이나 영양이 아닌 맛을 기준으로 식품을 선택한다는 것이다. 이뿐만 아니라 먹거리보다 생활의 지루함을 덜어주는 TV, 휴대전화, 태블릿PC에 많은 관심을 가진다. 따라서 지금처럼 대다수 곡물 원조의 증대는 균형 잡힌 식사를 하는데 별로 효과를 얻지 못한다는 주장이다.

나아가 농촌지역의 영양수준 향상은 엄마의 교육이 결정적인 역할을 한다. 아동 발육부진의 정도는 엄마의 교육 습득이 높을

수록 낮다. 어떤 학자의 연구에 의하면 엄마가 초등수준의 교육을 받게 되면 아동의 발육부진 발생이 현재의 1/4수준으로 감소한다는 결과가 있다. 이는 1인당 소득 10% 증가 프로젝트 효과보다 거의 10배에 이른다. 많은 국가에서 이 효과와 결합하여 엄마의 교육은 큰 보건적 효과를 거두고 있다.

아동기의 영양 결핍이 성인기의 경제적 성공에 직접적인 영향을 미친다는 주장도 있다. 아동과 임산부에게 직접적으로 투자하는 것은 사회적 수익을 낳을 수 있다. 이를 위해 영양 강화식품 지급, 구충제나 미량영양소가 함유된 음식 제공 등의 방법이 지원되어야 한다고 한다. 가난한 사람은 대개 비용이 적게 드는 예방보다는 비용이 많이 드는 치료에 돈을 쓰는데, 이것은 사소한 손실을 뒤로 미루는 성향 때문이다. 이러한 성향은 상대적으로 부유한 나라에 사는 사람들은 여러 사회적 유인과 장치로 인해 손쉽게 자신의 건강을 챙길 수 있다. 따라서 빈곤한 사람도 쉽게 예방 의료의 혜택을 누리도록 하고, 의료행위의 품질을 증대하는 보건 의료정책을 주요 목표로 설정해야 한다.

경제발전은 대개 두 가지 교육 과정을 통해 진행해 왔다. 첫째는 우수한 교육을 얼마나 제공할 것인가와 누가 접근할 수 있는가, 그리고 정치와 경제적 동기의 공급 간 상호작용. 둘째는 서로 다른 교육 수준의 사회적 편익과 사적 편익의 구분이다. 개인이 받는 학교 교육의 정도는 수요와 공급으로 결정된다. 수요 측면에서 교육은 미래에 많은 수입과 소득을 얻을 수 있다는 사적 편익과 가족과 학생이 감당하는 교육비용, 교육 수준은 고임금 고용기회에 의한 파생수요라고 할 수 있다. 공급 측면에서 볼 때 교육기관의 수량은 정치적 과정에서 결정되며, 때때로 경제적 판단 기준과는 무관하게 결정되기도 한다. 하지만 사적인 총수요에 영향을 받으며 교육 수요의 규모가 공급을 결정한다.

특히 이 책은 교육에 주목한다. 가난한 나라의 학교에 아이들이 모여들지 않는 이유로, 접근성이나 전문 인력 부족, 교육에 대한 부모의 부정적인 태도가 아니라고 한다. 부모의 생각이 어떻든, 자녀를 학교에 보내지 않는 가정은 손해를 보게 해 교육을 자극하였던 멕시코의 프로그래사Progressa를 성공 사례를 제시하면서, 저자들은 개발도상국의 교육 시스템의 비현실적인 목표 설정, 지나친 비관주의, 교사들에 대한 유인 제공 등 여러 요인이 아이들에게 정상적인 사회생활에 필요한 기본 능력을 가르치고 개인의 잠재력을 찾아내는 일에 실패하고 있다고 주장한다. 무엇보다도 아이들의 교육에 대한 부모의 관심과 열의를 제도적으로 뒷받침할 수 있는 정책이 필요하다는 것이다.

출산에 관한 경제이론도 있다. 그 이론에 따르면 자녀 양육은 가정이 선호하는 자녀의 수, 자녀를 양육하는 기회비용, 그리고 가계의 소득 수준에 따라 결정된다. 빈곤한 사회의 아동은 일정 부분 경제적 투자로 간주하는데, 이에 대한 수익은 미성년 노동과 부모의 노후대책이다. 그러나 많은 개발도상국에서는 가족의 규모를 결정할 때 각 국가만의 고유한 심리적·문화적 결정요소가 있다. 따라서 적은 수의 자녀는 상대가격이 변하더라도 수요가 크게 변하지 않는 소비재로 본다.

가난한 사람이 아이를 많이 낳는 이유를 피임만으로 효과를 기대하기 어렵다. 일반적인 입장과 다르게 가난한 사람은 대체로 성생활 및 출산을 의식적으로 결정하고 그것을 통제할 방법을 찾는다. 자녀를 자신의 미래를 대비하는 노후 수단으로 여겨 많이 낳는다. 그리고 반드시 자녀 수가 적은 가정의 자녀가 더 건강하고 더 좋은 교육을 받으며 자라는 것은 아니라고 한다. 가장 효율적인 인구 억제책은 자녀를 많이 둘 필요를 없게 하는 것이다. 건강보험, 노령연금 같은 효율적인 사회 안전망을 구축하거나 수익성 높은 노후 대비 금융상품을 개발하면 출산율이 줄어들고 아들과 딸을 차별하는 관습도 사라진다.

그리고 가난한 사람을 위한 정책과 제도도 분석하고 있다. 가난한 사람은 불행을 대비하는 보험에 관심이 없는 이유를 보험사와 피보험자간 신뢰성 문제에서 찾고 있다. 또한 가난한 사람은 열정이 넘쳐 적은 자원으로 많은 소득을 올릴 수 있지만, 이들의 열정이 대부분 영세하고 차별화되지 않는 사업에 투입된다고 한다. 그리고 영세한 사업을 더 크게 키울 관리능력도 부족해서 큰 수익을 올려도 사업을 확장하기보다 다른 일을 병행하는 쪽을 선택한다는 것이다. 사람은 이미 많은 돈을 투입했다는 이유만으로 사업중단을 주저하는 매몰비용효과가 나타난다. 합리적인 선택을 하려면 새롭게 발생하는 비용과 편익만 비교해야 하지만 이미 투입한 매몰 비용은 고려 대상이 아니라는 인식이다.

눈길을 끌었던 것은 가난한 사람에게 자녀의 장래 직업 선호도를 조사한 내용이다. 모든 나라에서 공통된 자녀의 장래 직업으로 공무원을 가장 선호했다는 것이다. 이것은 경제적 안정에 대한 기대 때문으로 보인다고 해석하면서, 안정적 직장은 생각 외로 커다란 효과를 발휘할 수 있다고 말한다. 직업에 대한 선호는 사람의 인생관까지 바꾸고 미래를 생각할 수 있도록 만드는 힘이 있다. 좋은 일자리가 희망을 준다는 것은 동서고금과 다르지 않다.

정치 문제도 거론하고 있다. 정치 지도자는 국민의 경제활동을 제약하는 제도가 자신에게 유리하고 경쟁을 약화해야 권력 유지에 도움이 된다는 것을 알고 있다면서, 정치제도의 목적은 정치인이 개인적 이익을 위해 경제를 주무르는 것을 예방하는 데 있다고 단언한다. 이는 개발도상국 정치인이 식민지 시절의 지배자가 자기 나라 자원을 수탈하고 극대화하기 위해 만든 제도를 모방하여 답습하는 과정에서 통치행위이며 정권이 교체되어도 반복되고 있다. 이러한 악순환의 고리는 그 나라 국민의 의식이 깨어나야 끊어진다.

이 밖에도 아비지트Abhijit V. Banerjee 교수의 모국인 인도에 대한 흥미로운 사실들을 알 수 있었다. 인구 억제를 위해 정부가 불임시술을 강제 할당하여 그 결과로 인디라 간디가 선거에서 패배했다는 것, 인도인이 고자의 성기를 보면 불행한 일이 생긴다고 믿는 점을 이용해 체납자들 집에 고자를 보내 협박한다는 것, 새벽에 바닷가 젖은 모래를 가져다가 차도에 깔아 차들이 내뿜는 열기에 모래를 말린 뒤 그것을 그릇 닦는 여성들에게 파는 것 등이다. 전체적으로 이 책은 빈곤에 대한 우리의 관심을 더 촉구하고 다양한 생각들을 이끌게 한 책이라 할 수 있다.

이팝나무 꽃그늘

김춘득 수필집

5

마지막 출근

마지막 출근

겨울이라 출근길 새벽바람이 차다. 마음이 포근하면 바람이 차가워도 추위를 덜 느낄 법하건만 오늘따라 마음마저 차가운 것은 K과장과 Y과장의 마지막 출근이어서 그런 것 같다. 그들과 함께 직장이란 한솥밥을 먹은 지 30년이 넘었다. 만난 게 엊그제 같은데 30년이란 숫자가 묵직하게 다가온다. 나는 세상을 주도적으로 살만한 능력이 없어서 매년 해가 바뀌어도 별반 다르지 않기에 세월이라고 해봐야 한철 계절 정도로만 생각하고 살아왔다. 아마도 그런 세월이 나에게 많이 축적된 모양이다.

직장에 다니는 월급쟁이는 퇴직을 한 번 이상 경험한다. 통상 퇴직은 정년퇴직과 명예퇴직 그리고 앞서 말한 퇴직에 비해 근무기간이 짧은 일반적인 퇴직이 있다. 인사부서장을 맡기 전까지만 해도 일반 퇴직의 사정이 그렇게 다양할 줄은 미처 몰랐다. 그 사연에는 자기 발전과 새로운 도약을 꿈꾸며 퇴직하는 이들이 대부분이나 일부는 사회초년생임에도 불구하고 일찍 사표를 던져 걱정스러운 부모의 마음을 헤아리기도 하였다. 그도 그럴 것이 열심히 취업을 준비하여 어렵게 합격하였는데 사직하는 것을 보니 그간의 고생이 안타까웠다.

내가 직장생활을 얼마 하지 않았을 때이다. 모시던 부서장이 공직을 포함하여 직장생활 35년을 근무하고 정년퇴직하였다. 퇴직 무렵에 이르러 직원들에게 가끔 '직장에서 대과 없이, 즉 허물없이 정년퇴직에 이르게 된다는 것은 결코 쉬운 일이 아니다' 라고 말씀하시며 스스로 뿌듯해하였다. 나는 당시 갓 30대 나이로 정년퇴직이란 단어가 주는 의미가 낯설었고, 세월이 가면 누구나 할 수 있는 개근상 정도의 막연함이 있었을 뿐이었다. 그러나 강산이 두어 번 바뀌면서 세상 공부를 조금 하고 나니 해가 뜨고 지는 자연현상조차도 때에 따라 쉽지 않다는 것을 알게 되었다.

오늘은 그들이 직장생활을 허물없이 마무리하는 날이다. 그래서 오늘만큼은 내 차로 두 사람을 출퇴근해 주려고 미리 얘기해 두었다. 몇 해 전까지는 통근버스가 운행되었으나 교통비 지급의 중복성과 통근버스를 이용하지 않는 직원들과의 형평성으로 인해 마감되고 개별적으로 출퇴근하였다. 통근버스로 출근할 때는 버스에서 두 사람과의 만남이 곧 하루를 시작이었고 퇴근길에 시원한 맥주가 생각날 때면 버스 안에서 서로 눈치껏 약속을 잡았다.

그들을 태우기 위해 평소보다 30분 일찍 집을 나섰다. K과장은 해운대신시가지에 살고 있어 내가 사는 벡스코 인근보다 직장에서 멀었고, Y과장은 반대로 수영에 살고 있어 가까웠다. 먼저 K과장이 살고 있는 해운대신시가지에 갔다. 도착할 무렵에 전화를 걸었더니만 아파트 앞에 이미 나와 있다고 하였다. 추운 날씨에 전화하면 나오라고 당부했건만 먼저 나와 기다리고 있었다. 이내 도착하니 부인과 아들이 남편이자 아빠의 마지막 출근을 배웅하러 함께 있었다. 아직 해가 뜨기 전 어두운 새벽이었지만 부인과 아들의 배웅을 받는 K과장의 얼굴은 첫 출근처럼 상기된 표정이었다.

K과장을 태우고 되돌아 벡스코를 거쳐 수영으로 갔다. 수영보건소 앞 대로변에서 Y과장을 태웠을 즈음에 서서히 날이 밝아오고 있었다. 넌지시 두 사람에게 지금 기분이 어떠냐고 물었다. K과장은 조금 들뜨고 격정적인 기분이 드는 모양이었고 Y과장은 차분한 성격처럼 표정의 변화나 말이 별로 없다. 직장인으로서 마지막 출근인 오늘이 Y과장인들 어찌 감회가 남다르지 않았을까. 최근 두 사람과 퇴직 이후의 삶에 대해 함께 얘기를 나누었지만, 재취업에 대해서는 아예 생각조차 하지 않았다.

그들은 정년퇴직으로 가장으로서의 큰 짐을 지게 되었다. 가장의 최고 큰 책무가 경제적 안정인데, 두 사람은 외벌이기 때문에 맞벌이하는 사람보다 맘이 무거웠다. 월급쟁이의 경제적 안정이란 마라톤처럼 근검절약하며 꾸준히 노력해야 한다. 또한 행복한 가족의 울타리를 가꾸고 지키기 위해 분주히 뛰어야 한다. 그 과정에서 자신의 자존심이 뭉개지고, 심하면 심장이 너덜너덜해지며, 마치 멈추면 쓰러지는 외발자전거처럼 내달리는 것과 같다. 그렇게 달리다가 멈추면 성한 데가 없는 앙상한 바큇살만 남은 초라한 모습이다. 그 삶에 위안이 있다면 최선을 다해 열심히 살았다는 자기만족일 뿐일 것이다.

오랜 세월 그들을 지켜본 나로서는 그들이 최선을 다한 것을 잘 안다. 그들도 직장생활에 힘들지 않은 날이 왜 없었을까. 내가 아는 한 누구보다 직장을 위해 온갖 노력과 헌신을 다하느라 스트레스를 많이 받았다. 내가 인사과장일 때 좀처럼 힘든 말을 하지 않던 Y과장이 명예퇴직을 하고 싶다고 얘기해서 말리느라 무척 애를 먹었다. 문득 예전 한 TV채널 인터뷰에서 여자들이 가장의 무게 때문에 다시 태어나도 여자로 태어나고 싶다고 한 말이 기억나서 그들에게도 물었더니 이렇게 살아온 것도 의미가 있는 삶이라며 다음 생에도 남자로 태어나고 싶다고 하였다.

오늘로 직장생활을 마감하는 두 사람이 자랑스럽고 존경스럽다. 그들의 업무능력이나 건강을 생각하면 충분히 재취업이 가능하다. 심지어 다른 기관에서 정년퇴직 소식을 듣고 재취업 의뢰가 왔음에도 고사하였다. 나는 정신건강을 위해 재취업을 권하였으나 그들은 한 치의 망설임도 없이 머리를 흔들며 연금 생활자로 인생 2막을 준비하겠다고 한다. 그들의 얼굴에는 젊은 시절의 청년은 어디로 가고 어느덧 흰머리에 주름진 중년이 들어섰지만, 단풍도 물들면 봄꽃보다 예쁜 것처럼 퇴직 이후의 삶도 알차게 잘 꾸려나가리라 생각한다. 어제 해당 부서의 직원들에게 각기 사무실에 출근하기 전에 꽃다발을 준비해서 책상에 두라고 귀띔했다. 그들의 남은 인생에 꽃향기가 가득하기를 바란다.

내 직장생활의 화양연화花樣年華

얼마 전 한동훈 법무부장관이 국회에서 '화양연화花樣年華'를 언급하였다. 화양연화의 뜻은 가장 화려하고 아름다운 정점에 이르는 때를 의미로 '인생에서 꽃이 피는 화려한 순간'을 말한다고 한다. 한 장관은 국회 대정부 질의의 답변에서, 자신의 검사직 근무에서 화양연화는 문재인 정권 초기 재벌 관련 사건을 수사할 때라고 하였다. 그 방송을 보다가 문득 '내 직장생활에서 화양연화는 언제였던가?' 하고 스스로 자문해 보았다. 누구나 직장생활을 한 사람이라면 직장에서 자신의 열정을 불사르며 헌신하던 화양연화와 같은 시절이 있었을 것이다. 정년퇴직이 다가오는 나 또한 그런 시절이 있었다.

직장생활을 하다 보면 어느 시점에 화양연화를 맞이한다. 그 시기는 개인마다 다양한 형태로 다가오는데, 자신의 역할이 직장에 나비효과처럼 영향을 끼칠 때라 생각한다. 내 직장생활에 있어 화양연화는 기획실에서 12년간 근무할 때였다. 그 시기는 자질이 부족해도 예산통제를 처음으로 실시하고 원가분석을 위한 설계에 참여하는 등 직장을 위해 의미 있는 역할과 개인적 희생이 따르기도 했었다. 그래도 일이 재밌고 즐거워서 평일에는 10시간 이상, 주말에도 쉬지 않아도 힘들지 않았고, 퇴근이 늦다고 불만이 없었으며, 일요일에는 오후부터 느껴진다는 월요병이 아니라 오히려 월요일 출근을 기다리며 설렜다.

당시 내 업무는 예산과 타당성 분석이었다. 예산이란 모름지기 계획만 세우고 통제가 따르지 않으면 의미가 없다. 나의 전임자 H선배는 고액의 사비를 들여 기업회계에서 경험할 수 없는, 비영리법인인 사립대학병원의 영리성에 대한 복잡한 구조의 병원 회계를 공부할 정도로 열정적이었다. 그는 예산통제의 중요성을 강조하며 시행을 건의하였으나 경영진으로부터 번번이 퇴짜를 맞았다. 그도 그럴 것이, 의료는 전문인력과 고가의 장비가 투입되는 고비용 구조로, 행정적으로 전문의 영역에 다른 직역이 통제하는 것을 싫어한다. 그런 의사들의 반발 때문에 경영진도 더 이상 추진하지 못했다.

예산은 모든 사업의 기본이며 조직관리의 핵심 가치이다. 예산은 세부적으로 계획과 조정 그리고 통제를 수반하는 것으로, 예산 편성 자체가 이미 계획이며 조정 기능을 지닌다. 따라서 예산 편성이야말로 사업 계획을 구체적이고 종합적으로 세우고, 조정할 수 있는 가장 효율적인 방도라 할 수 있다. 또 예산통제는 결정된 예산과 실적을 비교, 분석하여 현재 진행 중인 사업을 재검토하는 근거를 마련한다. 그리고 원가분석은 비용 분석으로, 어떤 사업의 잠재적 수입과 그에 관련된 비용을 비교하는 프로세스이다. 이를 위해서는 수입 발생에 따른 모든 비용 요소를 적용하는데, 적은 단위의 수익까지 쪼개서 분석할 수 있는 프로세서로 잠재적 이익을 나타내기도 한다.

이러한 업무들은 조직관리와 발전에 지대한 영향을 미친다. 예산은 조직 내의 시스템을 통해 건전 재정을 확보하여 성장을 도약하게 하는 필요불가결의 요소다. 어느 조직이나 예산 담당자는 조정 통제와 타당성을 분석할 때 구성원과 많은 갈등과 스트레스를 받는다. 타인으로부터 통제받고, 평가받는 것을 좋아할 사람은 없다. 열심히 일하고자 하는 사람은 의욕이 앞선 만큼 성과에 대한 욕심도 많아서 타인의 규제와 간섭을 받지 않으려 한다. 그런 통제나 조정 과정에서 의견이 수렴되지 않으면 갈등과 마찰이 일어나기 마련이다. 따라서 예산과 타당성 분석이란 업무는 조직 구성원들로부터 선의의 미움을 받는 위치이고, 그 미움이 강할수록 조직은 튼튼하고 여물어진다.

'고양이 목에 방울을 다는 격이다.' 라는 말이 있다. 아무리 좋은 일과 제도라도 그것을 실행하기 매우 어렵다는 속담이다. 나는 예산업무의 유효한 성과를 얻기 위해 통제란 방울을 달아야 했다. 그러나 방울을 달아야 할 대상은 고양이가 아니라 호랑이였고 한 마리가 아니라 무리였다. 살을 주고 뼈를 취하는 고사를 활용하여 지혜를 짜냈고, 꺾이지 않는 내 의지를 높이 산 선배들의 지원에 힘입어 외부 압박을 통해 예산통제를 시작할 수 있었다. 예산통제 시행 첫해에 큰 규모의 예산 절감 성과를 얻었고, 그 성과를 근거로 내부 반발을 잠재우고 더욱 박차를 가해 안정화될 때까지 매년 수십억대의 예산을 절감하였다.

지금에 와서 생각해 보면 소심한 내가 '당랑거철螳螂拒轍' 이란 고사처럼 무모했었다. 하지만 좌고우면左顧右眄 하지 않고 한 방향으로 간 덕에 예상 밖의 성과를 거두었다. 일반 기업이었으면 성과에 대한 보상이 있었겠지만 일이 즐겁고 보람찼기 때문에 그런 것에 연연하지 않고 웃으면서 일하였다. 돌이켜보건대 그 시기가 내 직장생활의 화양연화였고, 나의 인생에 적지 않은 영향을 끼쳤다. 직장이란 한곳에만 시간을 편중한 탓에 정작 좋아하던 여행을 가지 못했고, 가족과 함께 한 시간도 드물었다. 그래도 후회는 없다.

계절이 다르기에 꽃피는 시기도 다르듯이 누구나 화양연화는 온다. 진짜 힘들 때는 '팔자 좋게, 웬 꽃 타령이냐.' 라며 공감하지 않을 수 있다. 그렇지만 그 시기에 자신을 몰입하게 되면 세월이 흐른 뒤에 자연스럽게 그때가 나의 꽃 피던 시절이었던 것을 알게 된다. 직장에서 정년을 꼬박 채운 나도 이제 퇴직을 코앞에 두고 있다. 왠지, 마음 한 곁이 아련해지는 건, 퇴직을 앞둔 사람이라면 누구나 느끼는 마음일 것이다. 직장생활에서 나를 키운 건 마치 올챙이처럼 꼬리를 쉼 없이 흔들며 부족한 자질을 극복해 보려는 몸부림이었던 같다. 그 끝자락에 남는 내 직장생활의 화양연화가 남 보기에는 초라할망정 내게는 젊음이란 토양과 열정의 거름으로 피운 아름다운 꽃이다. 그래서 내 직장생활의 화양연화는 세월이 흘러도 가슴 가득한 향기로 머물러 있을 것이다.

인생 2막의 징검다리

인생 1막 1장.

1975년 1월 30일은 아버지 인생에 있어 직장의 마지막 출근이자 퇴근이었다. 초등학교 4학년생이던 나는 겨울 방학의 추운 날씨에도 친구들과 아침부터 정신없이 놀고 있었다. 점심이 지난 무렵, 아버지는 평소 단정한 모습과는 어울리지 않게 코트 자락을 열어젖힌 흐트러진 모습으로 퇴근하셨다. 아버지는 마치 결심을 한 듯 단내를 풍기며 나에게 "남해에 가서 살래?"라고 물었고, 철없던 나는 수심이 가득한 어머니와는 반대로 고향 친구들을 만날 부푼 마음에 신나서 좋다고 대답했었다. 나는 아버지 직장으로 인해 헤어진 어릴 적 고향 친구들이 늘 그리웠다.

아버지는 자존심이 타의 추종을 불허할 정도로 강했다. 당신의 자존심이 상하면 설사 손해가 뻔하더라도 생각을 바꾸지 않았고, 누구에게라도 신세 지기를 싫어했다. 어머니는 그런 아버지의 외고집 자존감에 무척 힘들어했다. 별난 사위를 바라보는 외할머니 눈가엔 애먼 당신의 딸을 고생시킨다는 원망이 서려 있었다. 아버지는 당신이 다니던 직장에서 상사와의 불화로, 자존심을 굽히기 싫은 나머지 미래에 대한 고민이나 대책도 없이 사표를 던졌다. 아버지가 던진 사표의 끝자락은 우리 식구들의 경제적 고통이었다.

인생 1막 2장.

1983년 1월 10일은 태어나서 내 삶을 스스로 책임지는 첫날이다. 출근 이틀 전날 외숙부의 연락을 받고 별 준비도 없이 속옷 몇 벌과 양말 몇 켤레를 보따리에 싸서 남해에서 부산으로 왔다. 집안 살림이 어려워 대학에 합격하고도 고학할 형편이었기에 앞날이 막막했다. 게다가 마땅히 부산에서 거처할 집은커녕 돈을 벌어야 하는 일자리도 없었다. 다행히 외숙부의 도움으로 학비와 하숙비 그리고 용돈을 버는 일터를 얻었고, 사촌 형네에서 하숙하게 되었다. 다음 달 2월에 고교졸업식이 잡혀 있었지만 내 처지로 졸업식에서 기념사진을 찍고 친구들과의 이별을 나눌 여유는 없었다.

아무것도 모르고 시작한 사회생활은 좌충우돌이었다. 학생 신분이니 일반적인 직장인들과는 거리가 먼 몸으로 때우는 일이 대부분이었다. 몸은 피곤해도 점차 일에 적응하게 되니 헤매던 것도 웬만큼 나아졌다. 무엇보다 견디기 힘들었던 것은 공부에 대한 갈증이었다. 시험 기간에 도서관 앞에 줄지은 책가방들을 바라보면서 그 시간에 일을 해야 내 모습이 딱하게 여겨졌다. 내가 일반 학생들과 같은 처지였다면 그런 생각을 하지 않았을 것이다. 환경이 나를 철들게 하였고 세월이 지나니 나를 단단하게 만든 세월이었다.

인생 1막 3장.

1990년 1월 15일은 직장인으로서 첫 출근날이었다. 지금 다니는 직장은 대학을 졸업하고 가진 첫 직장이었고, 신설 대학병원이기에 나의 근무연수와 연륜이 같다. 능력이 출중한 사람은 직장을 옮기기도 하는데 나는 재주가 신통치 않아 한곳에 오래 머물다 보니 어느덧 정년퇴직을 앞두게 되었다. 원래 출근은 학교를 졸업한 뒤였기에 시간적 여유가 있어서 여행을 준비하고 있었다. 그런데 전화가 와서 느닷없이 사흘 뒤에 출근하라는 바람에 여행을 포기하고 출근했다. 그렇게 얼떨결에 출근했으나 그날 무슨 일이 있었는지, 세월이 많이 흐른 탓에 기억이 나질 않는다.

직장은 경제활동을 하는 곳이면서 사람을 품는 공간이다. 나는 촌놈이라 그런지 사람 사귀는 기준은 의리다. 퇴직하면 직장에서의 인간관계도 자연히 친소관계에 따라 정리되어 내 맘에서 떠날 사람은 가고 남을 사람은 남을 것이다. 예전 나와 무척 가깝게 지내던 직원이 근래에 와서 교류가 단절될 정도로 소원해졌다. 그 이유는 대강 헤아려 이해하는데 다른 사람을 통해 미안하다는 말을 에둘러 들었을 때, 내 순수한 의리가 훼손당하는 것 같아 오히려 불쾌했다. 하지만 이마저도 내가 떠나면 무슨 의미가 있을까 생각하며 그들도 한때 내 옷깃에 머물던 바람이라 여긴다.

그리고 직장생활은 나에게 있어 보람과 좌절이 점철된 삶의 연속이었다. 어떤 일은 내가 주도적으로 선택하고, 어떤 일은 윗사람의 지시로 꾸려나갔었다. 그 삶의 레일에서는 직장뿐만 아니라 가족, 친지, 문학 활동 등의 사회생활은 각각의 퍼즐이 엮이면서 적잖은 희비의 쌍곡선이 일었던 시공이었다. 그 시공 선상에 놓인 좌표의 위치에 따라 삶의 만족도가 달랐던 것은, 내가 원하는 것과 원하지 않는 것이 만나는, 수요와 공급의 교차점과 같은 만족 지수였다. 글 쓰는 작업은 나의 정신상태를 과하지도 덜하지도 않은 균형을 이룬 최적의 만족 지수였다.

인생 1막 4장.

2024년 9월 1일은 퇴직을 앞두고 공로연수에 들어간다. 공로연수는 퇴직을 6개월 앞두고 출근하지 않은 채 퇴직을 준비하는 실질적 퇴직이다. 월급은 정상적으로 지급하지만, 업무를 수행하지 않기 때문에 보직 수당은 나오지 않는다. 먼저 공로 연수를 들어간 동료들 얘기를 들어보면 사정이 다양했다. 사전에 계획하고 실행한 이들은 한옥 체험학교 교육, 여행을 위해 차박용으로 차량 준비, 전기 등 각종 자격증 취득 등이었다. 그러나 막연히 닥치면 뭘 해보려고 한 사람들은 우왕좌왕하며 시간만 축내고 있었다. 다른 사람의 경험을 토대로 얻은 결론은 하고 싶은 것을 찾고, 계획을 짜고, 작은 것이라도 실행하는 것이 중요했다.

인생 2막 1장.

2025년 2월 28일은 정년퇴직이자 인생 2막을 여는 날이다. 후배들이 미리 '축하하고 응원한다.' 하고는 '지켜보겠다.' 라며 덧붙인다. 퇴직 후의 내 삶을 건강하게 잘 꾸려나가게 되면 자신들에게 본보기가 되리라는 바람일 것이다. 또 앞선 선배들은 '절대 조급하지 말라.' 고 옆구리를 살짝 잡는다. 급한 마음에 무언가를 서두르다 낭패를 볼 수 있으니 쉬엄쉬엄 느린 걸음으로 걸으라고 한다. 더하여 재취업해서 직장인으로 살지 않으려면, '직장인의 때를 벗기라.' 고 한다. 직장생활을 30년 넘게 지내온 나로서는 충분히 이해된다. 직장인의 삶은 출근과 근무 이외의 퇴근과 주말도 직장의 연장선에서 즐기며 사는, 직장인의 프레임 또는 루틴이라 할 수 있다. 이제는 다른 삶의 프레임을 만들어야 한다. 다른 프레임으로 살게 되었을 때, 직장인의 때를 벗었다고 할 수 있다.

어떻게 살 것인가가 가장 중요한 화두라 할 수 있다. 내 머릿속에는 여러 가지 생각들이 가득하지만 확고하게 정해진 것은 세 가지이다. 하나는 겨우 눈뜬 강아지 수준의 서푼어치 문사철文史哲에 대한 지식을 열심히 탐독해서 철학의 세계에 빠져보고, 다른 하나는 맘껏 여행을 다니며, 마지막으로는 그런 경험을 토대로 글을 쓰려고 한다. 지금까지 글은 직장인으로서 삶이 많이 반영되었다. 앞으로 인생 2막에서는 새로운 인생을 살면서 겪게 되는 다양한 스펙트럼이 존재하리라. 인생 1막에서 2막으로 연착륙하면 좋겠지만 시행착오더라도 경착륙하기 위해 용을 써볼 것이다. 더불어 인생 2막을 연재하는 글에는 소소한 보람뿐만 아니라 실패와 좌절 그로 인한 즐거움, 아픔, 쓰라림 등을 담아 인생 2막의 개울을 건너는 사람들에게 징검다리가 되어주고 싶다.

통근버스 단상

직장인이라면 누구나 자기 일터로 출퇴근을 반복한다. 과거 직장인의 거주지는 대부분 직장에서 가까운 곳이었으나 요즘은 교통수단이 다양해지고 교통망이 확충되어 먼 곳에서 출퇴근하는 사람이 많아졌다. 통근버스는 직원의 출퇴근을 돕기 위해 직장에서 마련한 교통수단이다. 내 직장에서 통근버스가 처음 운행할 때가 내가 신규직원으로 입사한 서너 달 뒤였다. 세월이 지나고 보니 공교롭게도 나의 근무연수와 발이 되어준 통근버스의 묵은 햇수가 동년배이다. 나중에 승용차를 이용해서 통근하느라 통근버스를 이용하지 않은 때도 있었으나 편리함 때문에 다시 애용하였다.

내 직장의 통근버스 노선은 3방향이었다. 운행 초기에는 하단노선과 동래노선뿐이었으나 해운대구와 남·수영구에 거주하는 직원들을 위해서 해운대노선을 증설하였다. 나는 직장에 갓 들어갈 무렵 당리동에 살고 있어서 하단노선을 이용했으나 해운대로 이사한 이후에는 해운대노선을 이용하였다. 통근버스를 타게 되면 승용차나 대중교통에서 느끼지 못하던 낭만이 있다. 직장 동료와 다정한 수다를 떠는 공간으로 마치 이웃사촌처럼 소박한 정이 쌓이는 특별한 공간이기도 하다.

학창 시절 시내버스를 타면서 가끔 통근버스를 보았다. 통근버스가 도착하면 직장인들은 발걸음을 재촉하지 않았고 줄 서서 내리는 여유에 나도 하루속히 통근버스를 타고 싶은 부러움이 차창에 비치곤 하였다. 마침내 그런 통근버스를 타고 출퇴근하는 직장인이 되니 며칠은 어색해도 차츰 익숙해졌다. 버스는 항상 정해진 시간에 맞춰 도착하기 때문에 기다리느라 애쓰지 않아도 되고 계절에 따라 겨울은 따뜻하고 여름에는 시원하고 쾌적했다. 무엇보다 한 번만 타면 편안히 앉아서 직장이나 집 근처까지 도착하니 통근버스 자체가 안락한 휴식 공간이었다.

나는 출퇴근 시간이 다른 직장보다 1시간씩 빨랐다. 계절에 따라 해돋이와 해넘이 시간이 달랐으나 통근버스를 타면 아침에 광안대교 교각 사이로 떠오르는 해를 맞이하며 수영강을 건넜고, 해거름에 노을 진 장산 기슭을 바라보며 수영강을 넘어왔다. 비가 내리면 천정에 두드리는 빗소리에 버스 안은 어머니 품처럼 편안하여 눈이 감겨졌고, 가로수 벚꽃이 바람에 흩날리면 창밖으로 향한 시선으로 눈꽃을 담았다. 그리고 거리를 걸어가는 사람들의 표정에서 세상이 처한 풍경들이 엿보였다. 2002년 월드컵 때는 다

함께 하나의 꿈을 가졌기에 너나없이 맑은 가을하늘을 맞이하는 것 같았고, IMF로 경제가 암울하고 코로나로 세상이 단절될 때는 잿빛처럼 버스 안도 어두웠다.

통근버스에서 보낸 세월은 무엇이었을까. 젊을 때는 남들의 시선에서 자유로운 뒤쪽에 앉았으나 나이가 들면서 점차 앞자리로 옮겨갔고 결국 내가 선호하는 자리는 시야가 트이고 공간이 넓은 앞자리가 되었다. 자리에 앉으면 전날 잠을 설쳤거나 피곤하면 눈을 붙였지만, 평소에는 책을 읽었다. 학창 시절 장시간 버스를 타고 고향에 갈 때 잠을 자고 일어나면 몸이 뻐근하고 머리가 아팠다. 그래서 좋아하는 책을 읽었더니 몸은 편안해지고 마음은 충만해서 자연스럽게 독서 습관이 들었다.

읽은 책의 장르는 다양했다. 문인들이 집필하여 보내온 서적부터 내가 좋아하는 철학과 역사서, 미래를 시사하는 서적 그리고 전공책까지 다양했다. 버스 안은 독서실처럼 집중력을 높일 수 있었고, 하루 2시간이 넘는 출퇴근은 책을 읽을 수 있는 알토란과 같은 시간이었다. 특히 퇴근 때 책을 읽으면 집에 가서도 독서하는 분위기가 이어져 일주일에 책 두어 권은 너끈히 읽을 수 있었다. 지금에 와서 기억에 남는 책을 꼽으라면 고르기가 쉽지 않으나 성과를 거둔 점을 고려하면 역사와 관련된 인문학 서적과 경제학 전공책과 논문들이다. 책 읽기를 생각하니 독서광이라고 하는 일본인들이 생각난다.

일본은 세계에서 장소 불문하고 독서하는 것으로 유명하다. 만화도 문학의 장르로 인정하며 지식을 얻는데 구분을 두지 않는다. 그 독서 열의와 접근방식이 견인차가 되어 일본을 근대화하고 선진국으로 발전시켰다. 독서 방식과 고상한 책만 고집하던 우리네 인식과는 차이가 난다. 일찍이 조선은 문치주의로서 일본보다 지적 우월감을 가졌으나 숙종 조 조선통신사의 기록에 의하면 일본의 서점에는 조선에서 접할 수 없는 국제 서적들이 즐비했는데 그중에 유성룡이 임진왜란을 반성하며 지은 '징비록懲毖錄'을 보고 놀라움을 금치 못했다고 한다. 이 같은 일본의 지적 욕구는 청소년기 나에게 독서에 대한 자극을 주었다.

시와 수필 그리고 평론 등의 문학책을 접하면서 나의 글쓰기가 한결 나아졌다. 문학 수업을 받아본 적이 없는 나는 문인들이 보내 준 양질의 작품들이 곧 나의 문학 스승이었다. 아름다운 문장이나 철학적 사고가 필요한 글은 핸드폰 메모장에 옮겨 적고 버스에서 내리곤 하였다. 그렇게 쌓인 글들은 산책할 때 사색의 밑알이 된다. 책을 읽으면서 작가들의 정서와 소통하려 애쓴 결과 내 마음의 양식도 알차졌다. 작가들이 책을 보내 주지 않았다면 밤하늘의 은하수처럼 빛나는 어휘들과 깊은 삶의 단면을 살피지 못했으리라. 예전보다 글쓰기가 나아진 것은 분명 좋은 글을 읽은 덕분이다.

굳이 책을 읽지 않더라도 통근버스 퇴근길은 늘 좋았다. 통근버스는 시골의 장날처럼 하루 일을 마친 동료들과 업무와 세상을 사는 이야기로 두런두런 꽃을 피우다 보면 어느새 내릴 때가 되었고 아쉬운 마음은 맥주 가게로 향했고 정은 두터워졌다. 이러한 삶의 현장들이 글감을 찾는 소재가 되고 나아가 글을 통해 나 자신을 성찰하는 계기가 되기도 했다. 나의 하루에 얽힌 조각들을 하나하나 여미고 꿰매다 보니 아름답지는 못해도 그리 초라하지도 않은 옷 한 벌을 지었다고 생각한다. 통근버스는 나에게 기회이자 희망의 공간이었기에 그 속에서 맑고 향기로운 책을 통해 나를 여물게 하였다.

늦깎이 공부

책장에서 읽을거리를 고르다가 경제학 서적을 들었다. 40대에 남들보다 노안이 빨리 닥친 통에 책 읽기가 불편하고 집중이 되질 않으니 점점 책에서 멀어지고 있다. 이러니 전공 서적은 더욱 손이 잘 가지 않는다. 그래도 안일해지는 나를 경계하기 위해서 머리맡에 둔다. 오랜만에 책장에 있는 '경제사상사연구'를 펼쳐보니 책갈피에 끼워두고 잊었던 편지 한 통이 나왔다. 그 편지는 50대 늦깎이로 경제학 박사과정에 들어갔을 때 학습 진도가 뜻대로 나가지 않은 가운데 억지로 한 학기를 겨우 마친 소회를 담아 학과 교수님들에게 감사를 드리는 내용이었다. 새삼 늦깎이 공부하던 그때가 되살아난다.

늦깎이 공부는 나의 경험을 미루어 보건대 힘들어도 할만한 가치가 있었다. 배움에 대한 갈증이 학문이든, 자격증 취득이나 취미활동이든, 분야와 관계없이 그 자체가 의미 있다. 일찍 공부할수록 수월하다는 말은 생물학적으로 집중력이 높아지는 게 사실이지만 열정이 있다면 늦은 나이에도 어려울 게 없다. 때론 그런 배움에 대한 욕구가 치솟았다가도 '늦었다.' 라는 생각과 '할 수 있을까.' 라는 걱정에 주저앉게 된다. 그렇지만 주변을 둘러보면 늦깎이 공부를 통해 인생 2막을 이루는 사람들을 심심찮게 만난다. 비록 뜻한 바는 이루지 못했어도 자신의 재능을 뒤늦게 발견하여 보람차게 매진하는 사람들이다.

나도 경제학 박사과정을 늦깎이로 공부한 셈이다. 경제학 박사과정을 공부하고픈 마음을 먹게 된 데는 교수가 되거나 전직하려는 생각은 아니었다. 학부 시절 다른 목표를 세워 공부하느라 정작 소홀히 한 전공에 대한 목마름이었다. 그래서 대학을 졸업하자마자 대학원 석사과정 진학을 계획하고선, 시기를 직장생활에 안정적으로 적응하여 여유가 생길 즈음 진학하려고 했었다. 그러나 인생이란 늘 그렇듯 계획대로 가게 두지 않아, 삶에 부대끼다 보니 공부에 신경을 쓸 여력이 없었다. 결국 어느새 공부할 시기는 지나갔고 계획은 계획으로 끝나버렸다.

경제학은 깊이 있는 사회과학이라 공부하기가 조금 버거운 학문이다. 인문학이지만 논리성을 갖추기 위한 서술적 표현 이외에 수학과 기하학을 알아야 하므로 나처럼 수학에 젬병은 골머리를 앓는다. 경제학이 학부 전공으로만 끝났다고 생각했는데 사회생활을 하다 보니 경제학이란 학문이 매력적으로 다가왔다. 어떤 난해한 사회현상이나 역사적 사건이 경제를 대입하면 논리적으로 이해되었다. 예를 들어 1차 세계대전의 원인이 세르비아계 청년이 오스트리아 황태자를 암살하여 촉발되었다고 알지만, 사실 그 주된 이유는 화폐 경제로 인한 전쟁 상황이 누적되어 발생했다는 것이 정론이다.

역사에 대한 관심이 많다 보니 관련 책을 자주 읽은 편이다. 그 덕분에 옛 시대의 정치경제, 사회풍습과 고건축에도 조금 아는 체하는 수준이 되어 관련되는 대화에도 말석이나마 끼이게 되었다. 친구가 그런 나에게 한국사능력검정시험을 권유하기에 딱히 필요치 않으면서도 자신을 담금질하고 아이들에게 자극도 줄 겸해서 시험을 쳐보기로 했다. 기왕 시험을 치를 바에는 1급을 신청하여 보름간 공부하고 시험을 쳤더니 운 좋게 합격했다. 그로 인해 자신감이 붙어 가슴에 묻어두었던 대학원 진학을 고민하다가 직장을 다니며 경영학박사 학위를 취득한 C선배의 격려와 응원에 힘입어 도전하게 되었다.

지원서를 제출하고 막상 면접을 볼 때도 고민이 많았다. 나는 석사과정을 경영학으로 전공했고, 직장이 보건의료 분야라 학문적 응용력이 떨어지는데 나이마저 많으니 학습 진도를 따라가기 어려울 것으로 예상했다. 그래서 나 또한 합격 통보가 올 때까지 내심 초조했다. 후일담이지만 그때 나의 지원을 두고 학과 교수님들 사이에서 합격시킬 것인지를 의견이 분분했었다고 한다. 충분히 그러고도 남았으리라. 그래서 합격통지서를 받고선 뒤처지지 않으려고 개강 석 달 전부터 고교 3학년 못지않게 학부 시절에 보던 전공책을 붙들고 평일 퇴근 이후와 주말 내내 씨름하였다.

나이 들어 다니는 대학원은 대학 시절과는 확실히 다르다는 것을 느꼈다. 적성보다 취업을 고려하여 학과를 선택했던 대학과는 달리 박사과정은 내가 배우고 싶은 공공경제학을 배우고, 현재 사회에서 현안으로 대두되고 있는 인구 고령화와 의료비 관리 분야를 연구하였다. 내가 그 분야에 관심을 가지게 된 계기는 대학병원이란 보건의료산업 현장에서 오랫동안 근무하면서 세월이 갈수록 걱정되는 것이, 인구수와 연령분포 변화와 그에 따른 재정적 현상에 대한 우려였다. 그리고 세미나 수업을 통해 알게 된 인구 변화였다. 인류의 모든 계획은 인구가 증가할 것이란 전제하에서 이루어졌고 그렇게 운영되고 있다.

일부 경제학자에 의하면 인류는 인구 증가를 전제로 모든 계획을 수립했다고 한다. 그런데 의학의 발달로 인간의 수명이 증가하면서 나의 할아버지 세대에 당연시되던 회갑 잔치가 아버지 세대에는 칠순 잔치는 고사하고 팔순 잔치도 드물어졌다. 인구 고령화는 인구학적으로 출산율과 사망률이 동시에 낮아지면서 고령층의 비중이 상대적으로 높아지는 현상이다. 인구 고령화는 의료비 지출에 있어 의료서비스 및 사회경제적 비용 측면에서 심각한 문제를 발생하여 건강보험을 비롯한 연금 등 사회적 건전재정을 위협하게 되어 세대 간 갈등의 씨앗이 되고 있다. 이를 보건의료정책의 경제학적 고찰을 통해 개선하지 않고서는 노인의 행복한 노후생활과 젊은 세대의 미래를 담보할 수 없는 것으로 인식하였다.

공부를 시작할 때 한 학기만 해보고 버거우면 접으려고 다짐했다. 아무리 배움에 대한 열정이 있다손 치더라도 학습 진도를 맞추지 못하면 동료 원생들과 교수님들께 폐를 끼치기 때문이었다. 그래서 뒤처지지 않으려고 애썼고 주위의 격려 덕분에 한 학기를 무사히 보냈고, 박사논문의 주제 방향과 연구계획서를 일찍 수립하였다. 만약 대학원 수료만 목표했더라면 중도에 포기하고 험난한 논문 작성과 심사 후 통과를 이루지 못했을 것이다. '왜' 라는 의문을 가지고 시작한 공부였기에 때론 시험에 대한 부담과 과제가 힘들었지만 배우는 즐거움은 더없이 컸었다. 옛 어른들이 배움에는 끝이 없고 그로부터 얻는 기쁨은 그 무엇과도 견줄 수 없다고 하신 말씀을 뒤늦게 깨달았다.

지켜야 할 뿌리

나는 남들에게 내세울 자랑거리가 딱히 없는 사람이다. 그래도 사람 대접받으며 살아가는 것은 선대 조상들의 음덕이라고 믿고 있다. 그 은혜에 보답하기 위해, 조상들의 발자취를 따라 궁금해하는 이들에게 부족한 지식을 나눔으로써 소소한 도움을 건네고 있다. 사람은 나이가 들면 자기 뿌리에 관심을 가지게 되고 자녀에게 가문의 정신 유산을 물려주고 싶어 하는데 족보를 잃어버렸거나 가문의 내력을 알지 못해 낭패에 처한 경우가 있다. 또 자녀의 '자기 조상에 대해 알아보기' 와 같은 숙제 등으로 고심하는 학부모들에게 도움이 되었을 때 보람이 있었다.

흔히 사람들은 족보라 하면 조상으로 인식한다. 그러한 보편적인 인식을 넓은 의미에서 보학譜學이라고 한다. 보학은 생물학 요소인 혈연과 그 혈연공동체가 지닌 역사와 문화가 응집된 인문학이다. 문치주의 정점을 이루던 조선시대에서는 보학이 선비의 최고 교양 학문이어서 양반가에서는 손님을 대할 때는 그 손님의 문벌에 걸맞게 예우하였다. 그러나 삶의 양식이 물질주의 만능과 경쟁적 성과 중심으로 시대가 달라졌고, 구한말 전 국민을 대상으로 하는 호적에 관한 법률 민적법이 호적제를 거쳐 오늘날 가족관계등록부가 되면서 족보를 등한시하는 풍토가 뒤따랐다.

족보는 기록이 원활하지 않던 시대에 씨족공동체를 담은 기록물이다. 우리네 족보는 형식과 내용에 있어 모두가 똑같지 않다. 족보의 기본 구성은 나의 직계 조상과 후손의 이름을 포함한 약력 및 묘의 위치를 올린다. 가문마다 편찬 기준에 따라 기록의 차이가 있다. 가령 딸의 이름을 올릴지, 며느리와 사위의 가문 내력을 어떻게 올릴지, 올린다면 어떤 범위까지 올리느냐 등이다. 나의 문중에서는 며느리를 올릴 때 친정의 아버지 조부 증조부 그리고 외조부까지 올려 모계의 내력을 기록하는데, 이는 고려시대 과거시험에 응시하던 이들이 자신의 가문 내력인 삼족을 조정에 제출했던 내용과 같다.

우리네 삶에서 족보가 사라지면 곧 조상을 잃는 것이다. 족보를 케케묵은 벽장 속의 고서쯤으로 생각하는 인식은 착각이다. 현재 가족관계등록부는 예전의 호주 중심의 가家라는 가족 집단인 호적제도에서 개인의 존엄과 헌법의 양성평등에 맞게 내〔我〕가 중심이 되는 가족관계 등록제도로 변경되었다. 이는 인권 신장을 구현하는 제도개선 측면에서는 올바르다고 할 수 있으나 호적제의 폭넓은 친족의 범위를 알 수 있는 장점을 잃어버린 아쉬움이 있다. 그러기 때문에 족보는 가족관계등록부에서 찾지 못하는 친족 자료를 구할 수 있는 유일한 방법으로 그 중요성은 더욱 커졌다고 할 수 있다.

과거에는 '숭조돈목崇祖敦睦' 또는 '존조경종尊祖敬宗' 등의 글을 많이 봤었다. 두 사자성어는 '조상을 공경하고 후손끼리 화목하게 지내라' 라는 의미이다. 족보의 위상을 가족의 관점에서 바라볼 때 요즘 세태는 족보를 별로 중요하게 여기지 않는 추세이다. 그 대표적인 현상이 선대 산소를 화장해서 납골당을 조성하고 제사를 종교기관에 의뢰하는 것이다. 납골당은 좁은 국토의 효용 가치를 높이는 점에서는 유익하나 후손의 편리를 도모하려는 의도가 엿보이고, 제사를 회피하는 자세는 선대 재산을 받은 후손으로서 이율배반적이다. 주변을 둘러보면 사회경제적으로 지위가 높을수록 더 적극적으로 따르는 추세인 것 같다.

세상에는 나라마다 그 민족의 고유한 족보가 있다. 학자들에 의하면 우리나라의 족보 역사는 대개 조선조 초기로 보고 있으나 나는 고려조 1301년 광산김씨 양간공 김연의 호적단자의 내용을 볼 때 이미 그 당시 족보의 형식을 갖추었다고 생각한다. 족보의 종류는 성씨 본관 전체의 대동보大同譜, 한 본관 안의 계보에 한하는 파보派譜로 나누고 자신의 직계만 기록한 가첩, 가승보 등이 있다. 족보는 조선 후기에 신분 상승을 위해 몰락한 양반으로부터 족보를 사는 부정적인 부분도 있었으나 자신의 혈연과 내력을 알려주는 중요한 역할을 하였다. 따라서 족보는 나와 나의 집안 역사이다.

예전에는 같은 성씨 사람을 만나면 본관을 물어보곤 하였다. 같은 본관이면 어느 할아버지의 후손이고, 계보를 통해 서로 촌수를 알 수 있었다. 최근 어떤 글에서 같은 유교 문화권인 중국 족보가 우리만큼 세밀하지 못하다고 하여 의아했다. 족보가 한나라 때 유래된 중국에서 촌수寸數라는 말이 없어 삼촌, 사촌이란 말을 모르고, 고조부 이상과 사촌 범위 밖을 아는 이도 거의 없다고 하였다. 미심쩍어 내 대학의 한족 연구원에게 물었더니 그렇다고 하였다. 그래서 우리의 촌수개념을 설명하자 계보가 논리적이고 호칭도 쉽고 편리하다며 부러워하였다. 특히 항렬이 같으면 같은 돌림자를 쓴다고 하니 친족간 돈독한 응집력에 감탄하는 눈치였다. 내친김에 일본도 궁금하여 일본에서 박사과정을 유학한 교수에게 물어보니 중국과 비슷하다고 하였다.

독일 사회학자 보르노박사는 우리네 족보의 우수성을 칭찬하였다. 그가 1981년 우리나라를 방문하고 돌아가는 길에 "한국은 지금처럼 족보를 잘 지켜나가라"라고 조언하였다. 세계적인 학자들은 짧은 기간에 괄목한 경제성장과 정치 민주화를 이룬 우리나라의 저력을 연구하였다. 그 결과 세계적인 석학들은 우리의 어른

공경문화, 대가족사회의 유기적 친밀성 등 서구에 없는 사회적 질서와 윤리적 책임이 국가성장에 큰 동력이 되었다고 하며 유교적 가족문화의 전통을 유지하기를 권하였다. 그 가족문화를 문헌으로 만들어 가문의 철학을 후손들에게 교육하고 이어가는 모체가 족보이다.

족보는 후손들 교육에 유용한 역할을 한다. 우리나라 사람은 자신의 약속이나 맹세할 때 최고의 표현으로 '조상의 이름을 걸고'라며 말한다. 이는 나와 조상은 영원불변의 공동체라는 의식이 존재하기 때문이다. 따라서 나의 언행이 조상들에게 욕이 되지 않을까? 훗날 나의 후손들에게 누가 되지 않을까? 생각하며 신중히 처신한다. 또 사람의 됨됨이는 가정에서 이루어진다고 여겨 가정교육의 중요성을 유난스럽게 강조하였다. 보통 남을 욕할 때 '뉘집 자식인지 본 데가 없다.' 라고 하거나 '가정교육을 어떻게 배웠길래 저 따위냐.' 라고 말하지 '어느 선생의 제자냐, 어느 학교에서 배웠느냐.' 라고 말하지 않는다.

조상을 공경하고 높이던 전통은 머지않아 되살아날 것이다. 족보는 우리의 소중한 정신 문화유산으로 내가 어느 집안의 피붙인지를 인식함으로써 스스로 몸가짐을 바르게 한다. 요즘은 도시화로 씨족이 함께 거주하는 집성촌은 존재하지 않지만, 족보는 씨족을 담고 있어 정신적 집성촌이 존재하며 가문의 철학을 전승하므로 세월이 흐르면 족보의 가치는 다시 빛나리라 여긴다. 요즘 고택 등 고건축에 대한 일반인들의 관심과 전문가들의 생태적 연구가 높아지는 것처럼 족보도 인간의 삶이 지난해질수록 과거와 미래를 아우르는 역사의 공간으로써 또 다른 지평을 열어주는 역할을 하리라 믿는다.

부산 초량왜관의 역사성

오랜만에 부산박물관에 갔다. 산책하기 좋다는 유엔기념공원의 소문을 듣고 간 김에 들렀다. 박물관 실내에 있는 유물은 그동안 몇 번 봤던 터라 들어가지 않고 야외에 있는 유물만 둘러보았다. 전시된 유물은 동래성 남문비, 척화비, 재난기부를 나타낸 사처석교비 등 40여 점이었다. 그중에 약조제찰비約條制札碑가 특이했는데 비문에 한문과 일본어로 새겨져 있어 눈에 띄었다. 자료를 찾아보니 1683년(숙종 9년) 8월 통신사로 일본에 갔던 윤지완이 양국의 무역 질서를 바로잡기 위해 대마도주와 다섯 가지 금지조항을 체결하고 돌아와 그 내용을 비석에 새겨 초량왜관 출입구에 세워둔 것이라고 한다. 부산은 일본과 떼려야 뗄 수가 없는 도시인만큼 초량왜관을 통해 그 역사성을 살펴보기로 했다.

먼저 변박의 실물 그림인 초량왜관도를 보았다. 초량왜관의 건물과 그 명칭을 실팍하게 담은 빼어난 그림으로, 단정한 그림 속에 부산의 옛 모습이 담겨있다. 그림에 있는 초량왜관 위치는 용두산공원이 중심이다. 규모는 10만 평에 이르는 공간으로 지금의

49계단 위에 왜관의 우두머리인 관수의 거처인 관수가가 있고, 동쪽에는 왜관 거주자가 살았던 동관, 서쪽에는 일본에서 파견되온 사절단이 묵는 서관이 있다. 오늘날 롯데백화점 자리가 용미산이란 작은 산이 있고, 그 앞에 포구를 만들어 배의 접안시설을 만들었다. 동관은 해안을 따라 왜관 관리 건물과 상가, 사찰, 신사, 부두, 창고, 출입문 등이 있다. 매달 3일과 8일에 장이 서는 개시대청이 섰으며, 거주자들은 가족이나 여성 없이 남자들로만 구성되어 동래부의 허가 없이는 왜관 밖으로의 출입이 금지되었다.

왜관은 조선의 안전한 국방과 일본의 경제문제 해결의 돌파구로서 형성되었다. 그 역할은 오늘날 외교와 무역을 담당하는 대표부 성격으로 조선에만 있었고 일본에는 왜관과 유사한 조선관이 없었다. 조선의 왜관 설치는 왜구 출몰에 따른 피해를 줄이기 위한 회유책이었다. 왜구의 근거지 대마도는 농토가 척박하여 약탈에 의존하는 경제구조였다. 조선은 이들에게 제포, 부산포, 염포의 삼포를 개항하여 왜구 감소 효과를 보았다. 그러나 왜인들이 지정된 거주 지역을 벗어나거나 밀무역, 불법어로, 인신매매 등으로 골머리를 앓아 연산군 때 정인인은 "왜관은 왜인에게는 낙토樂土이지만 조선에는 뱃속의 종기"라 하였다.

초량왜관이 세워지는 데는 국제정세도 한몫했다. 기존 부산포

왜관은 임진왜란으로 폐쇄되었으나, 대마도가 왜관을 열어달라고 요청하였다. 사신을 보내 사죄하고 조선인 포로를 송환했으나 조선의 반응은 차가웠다. 이에 대마도는 일본 막부를 움직여 재침 가능성을 들먹였다. 당시 조선은 누르하치의 후금을 상대해야 했기에 대마도의 협박에 영도인 절영도에 왜관을 설치했고, 다시 동래까지 먼 거리를 이유로 이전을 요청하여 수정동의 두모포에 옮겼다. 그 뒤 일본은 왜관에만 머물렀던 사신의 서울 상경과 더 넓은 공간을 요구하였으나 조선은 응하지 않았다. 그 뒤 조선이 정묘호란을 겪게 되자 무기 제공을 제의하였고 병자호란으로 청에 굴복하자 일본의 요구는 더욱 거세졌다. 사실 교역 증가로 공간 확충이 불가피한 면도 없지 않았었다. 그리하여 초량으로 이전하게 되었는데 두모포보다 10배 규모였고 네덜란드 상인들을 위해 만든 일본의 데지마보다도 20배 정도 컸다. 이후 200여 년 동안 조선의 재팬타운이 되었다.

당시 부산은 변방이었지만 무역만큼은 조선을 넘어 동북아의 중심지였다. 쌀, 채소, 생선 등은 왜관 수문 밖 새벽시장에서 구매했으며 조선에서 나지 않는 일본의 물건은 대마도에서 가져온 것이었다. 대표적인 거래 품목은 조선의 인삼과 일본의 은이었다. 그리고 중국의 비단도 대마도를 거쳐 일본으로 들어갔다. 명약으로 소문난 인삼은 수요가 많아 당시 쇼군 요시무네는 조선 인삼의 일본화를 도모하였고, 왜관에 도자기 가마를 설치하여 일본인을 제작에 참여시켜 조선의 다완茶碗을 일본화하기도 했으니 산업기밀 유출이었다. 이러한 경제활동이 왕성한 왜관은 양국 백성들에게 돈벌이가 좋고 더불어 일자리를 구하기는 쉬운 기회의 땅이었다. 조선 후기 최고 부자인 변승업은 역관으로 초량왜관에서 부를 모았을 정도였다. 대마도의 1691년 사무역 거래표엔 조선과의 무역으로 거둔 이윤이 3,577관(금 7만냥)으로 기록되어 있는데 현재 금 시세로 계산하면 약 2,300억원 정도가 된다. 매출이 아니고 이윤이었으니 대마도의 경제가 부산에 매인 것이나 다름이 없었다.

부산은 국경도시 특성상 국제정세를 탐문하고 수집하는 첩보활동도 적지 않았다. 1635년 10월 암행어사로 경상도 일대를 순행하던 윤계의 보고에 의하면 왜관에서 조선인과 일본인의 빈번한 접촉으로 조선 수군 정보 누출을 우려하는 내용이었다. 그리고 상인이나 역관이 조선의 실정을 왜인에게 발설하면 처벌받는 누설죄가 있었지만 제대로 지켜지지 않았다. 그럼에도 조선은 왜관을 평화의 수단으로 보았고 이를 통해 국방비를 절감할 수 있다고 판단했다. 조선도 통신사를 파견하여 일본의 정세를 파악하곤 하였다. 하지만 조일 우호의 상징으로 여겨지던 왜관은 성격이 변하기 시작했다. 우두머리가 머물던 관수가는 관리청으로, 이후 일본영사관으로 바뀌어 청일전쟁과 러일전쟁의 교두보이자 전선사령부 역할을 하였다.

이제 초량왜관은 일제강점기를 거쳐 역사의 뒤안길로 사라졌다. 그 흔적으로는 49계단, 약조제찰비 등만 남아있다. 왜관은 임진왜란 이후 단절된 조선과 일본 관계를 회복하는 데 중요한 공간으로, 17세기 중엽 이후 비약적으로 증가하는 무역과 선린외교의 중추를 담당했던 통신사 수행 등 양국의 우호 증진에 기여하였다. 따라서 부산은 초량왜관을 통해 동북아 최대의 중계 무역지로, 외교·경제적 요충지로서 수행했던 역사적인 곳이다. 양국간 통신사와 왜관의 역할이 왕성하던 시기는 교류를 통해 평화 유지와 번영을 가졌으나 교류가 줄어들고 쇄국정책이 시행됨에 따라 부산의 발전도 정체되었고 대립의 긴장도는 높아져 갔다. 따라서 부산의 발전을 생각한다면 초량왜관을 역사적 의의와 지역사적 관점에서 재조명할 필요성을 느낀다. 부산 역사에 왜관을 접목하면 부산의 과거와 미래가 보이기 때문이다.

이팝나무 꽃그늘

인쇄일 2024년 7월 04일
발행일 2024년 7월 10일

지은이 김춘득
펴낸이 박철수
펴낸곳 도서출판 해암

등록번호 제325-2001-000007호
주소 부산시 중구 대청로 138번길 9 (대원빌딩 302호)
전화 051)254-2260
팩스 051)246-1895
메일 haeambook@daum.net

ISBN 978-89-6649-249-7 03810

값 15,000원